张呈忠 著

电子工业出版社
Publishing House of Electronics Industry
北京·BEIJING

内 容 简 介

宋代是我国古代文化最为繁盛的时代,历史学家陈寅恪有"造极于赵宋之世"的说法。本书结合宋代的文化环境与文化气氛,从多角度展示大宋三百年在艺术、教育、科技、思想等各方面的伟大成就。

图书在版编目(CIP)数据

文治大宋/ 张呈忠著. —北京 : 电子工业出版社,2011.4

ISBN 978-7-121-13012-0

Ⅰ. ①文… Ⅱ. ①张… Ⅲ. ①文化史—中国—宋代—通俗读物 Ⅳ. ①K244.03-49

中国版本图书馆CIP数据核字(2011)第030212号

责任编辑:张 昭

特约编辑:寇国华

印 刷:
三河市鑫金马印装有限公司
装 订:

出版发行:电子工业出版社
北京市海淀区万寿路173信箱 邮编 100036

开 本:720×1000 1/16 印张:15 字数:191千字

印 次:2011年4月第1次印刷

定 价:28.00元

凡所购买电子工业出版社图书有缺损问题,请向购买书店调换。若书店售缺,请与本社发行部联系,联系及邮购电话:(010)88254888。

质量投诉请发邮件至zlts@phei.com.cn,盗版侵权举报请发邮件至dbqq@phei.com.cn。

服务热线:(010)88258888。

以中国史比之西洋史，唐末五代，俨如罗马帝国之崩溃。而自宋以下，学术重兴，文化再起。迄于今千年以来，中国之为中国，依旧如故，是惟宋儒之功。

——钱穆

宋代的"士"不但以文化主体自居，而且也发展了高度的政治主体意识，"以天下为己任"便是其最显著的旗帜。

——余英时

历史进化之迹，随在可见。而民族之能力，亦不必随国运之盛衰为消长。两宋之时，汉族对外之力固甚薄弱。至于元世，则全体受制于蒙古，益似无发展之余地矣。然详考其时之文物，则仍继续进步，缊缊不休。文学、工艺、美术、制造，无不各有所新创。综其全体论之，宋代民族审美之风，实又进于唐代。任就何事观察，皆可见其高尚优美之概。不得谓宋人讲理学，偏于迂腐鄙朴，而薄文艺不屑为也。

——柳诒徵

蒙古人的入侵形成了对于伟大的中华帝国的沉重打击，这个帝国在当时是全世界最富有和最先进的国家。在蒙古人入侵的前夜，中华文明在许多方面都处于它的辉煌顶峰。而由于此次入侵，它却在其历史中经受着彻底的毁灭。

——【法】谢和耐

华夏民族之文化，历数千载之演进，造极于赵宋之世。沦渐衰微，终必复振。

——陈寅恪

导　言
精神家园的历史追寻

　　德国哲学家黑格尔曾经说过："一提到希腊这个名字，在有教养的欧洲人心中，尤其在我们德国人心中，自然会引起一种家园之感。"古希腊是欧洲人的精神家园，那么中国人的精神家园在哪里？

　　也许有人会说是在那百家争鸣的战国时代，弦歌不绝的邹鲁之地令人神往；也许有人会说是在那气势恢宏的汉唐时代，繁花似锦的长安都市让人魂牵梦萦。然而在笔者看来，宋朝最能勾起现代中国人的家园之思。

　　不是吗？几百年来，孩子们所读的第一本书——《三字经》，就来自宋朝。其中传达着宋文化的精神，同时也塑造着中国人的灵魂。每个人张口即说"人之初，性本善"，这样一种对于人性的共识是在宋朝开始的。

　　宋朝是现代中国思想的源头，宋文化根植在华夏儿女的心底。

武人时代——历史在进入宋朝之前

在走进宋朝之前，我们需要了解一下宋以前中华文明的发展大势。中华文明走过了夏商周三代的上古风雅，古风余韵穿越了秦汉帝国。到魏晋南北朝隋唐的时候，古典的文明依然保持着强劲的势头。然而到了唐中叶，也就是在九世纪的时候，文化逐步走向变古时期。韩愈的古文运动就是典型且深刻的新文化运动，但在唐朝只是播下了种子。经过了很长时间的酝酿，终将发扬光大。

在新文化发扬光大之前，历史进入了一个漫长的循环期。笔者所说的是五代十国时期。其实这个时期也就半个多世纪这么久，相对于中华文明的长河来讲，很短暂。但是对身处这个时代中的人来说，很是漫长。似乎遥遥无期，心理时间远远超过了自然时间。

这是一个真正的乱世，五代如走马灯，十国如满天星，政权的更迭伴随的是杀伐征战、生灵涂炭和民不聊生；这是一个只讲实力不讲道义的时代，所谓皇帝就是由兵强马壮者为之，窃钩者诛，窃国者诸侯。社会失去了正义和道德，古老的民族暗淡无光。

五代是指北方的后梁、后唐、后晋、后汉和后周，后梁维持的时间最长，有17年；后汉最短，只有4年。就是这么短短几十年，其中的皇位争夺令人瞠目。如梁太祖朱温登上帝位仅5年，就被他的第2个儿子朱友珪给杀了。而朱友珪刚上台没几天，又被自己的弟弟朱友贞给杀了；后唐明宗李嗣源的儿子秦王李从荣，也曾以兵夺权。结果未能成功，反丢了性命。明宗去世之后，其第5子李从厚继位。仅1年，其位就被明宗的养子李从珂夺去了，父子兄弟之间互相残杀的结果是老百姓的深重苦难。

为了夺得帝位，所有的卑鄙的手段都可以使出来，无耻的行径往往成为成功的手段。比如最为厚颜无耻的石敬瑭，他本是后唐明宗李嗣源的女婿。但是后来认比自己年龄小得多的契丹皇帝为父，借契丹兵灭掉了李嗣源的后继者。他是历史上有名的儿皇帝，也是历史上级别最高的汉奸。

欧阳修在《新五代史》中说："五代之君，皆武人崛起。其所与俱勇夫悍卒，各裂土地封侯王，何异豺狼之牧斯人也！"一个诗人写道："九土尽荒墟，干戈杀害馀。"这是当时社会惨状的真实写照。

五代是极为黑暗的一个时代，如同漫漫长夜。无数人期盼着，等待着，希望进入一个新的时代。

历史在寻找出路。

斯文不坠——历史走向的突破口

历史在进入五代之前，有一件毁灭斯文的恶性事件发生，这就是给后世之人留下挥之不去印象的"白马之祸"。这件事情发生在公元905年，也就是唐朝灭亡前两年。当时朱温还没有当皇帝，但是他已经操持重柄且把握实权。在李振的建议下，他谮杀左仆射裴枢、右仆射崔远、吏部尚书陆扆和工部尚书王溥等7人于白马驿。李振对朱温说："此辈自谓清流，宜投入黄河，永为浊流。"朱温笑而从之；同时朝中那些不支持朱温的文士大臣都被诬为朋党，被贬死的有数百人。

从白马之祸可以看出，当时的文人身处极其恶劣的社会环境。五代之中，"士人出入，多为强人所杀"，这样的情景成为常态。但是在离乱中的士人并没有泯没沉沦，他们或读书林下以养性潜修，或结庐山中以藏书聚徒，或出仕经世以维礼义风俗于干戈之中，承担起了救斯文于不坠的社会责任。

其中一个显著的成就就是一些书院的创办，如太乙书院、华林书院、梧桐书院和龙门书院等，南方的政权在文化建设上贡献犹大。

南唐是当时文化最为繁盛的一个地方，南唐烈祖李昪推行息兵安民的政策。设太学，兴科举，建书院，办画院。一时间南唐成为饱经战乱

沧桑的文人士大夫理想的栖身之所，江北士人多流落至此，"儒衣书服盛于南唐"，"文物有元和之风"，"北土士人闻风至者无虚日"。南唐的两位皇帝李璟和李煜都是有名的词人，他们在中国文化史上有着重要的地位。

南唐的存在与繁盛昭示着文明的力量，它是未来政权的榜样，尽管其国力很弱小。

五代的士人在后来人看来总有一个缺憾，因为朝代的更迭，他们很难做到忠义。人生于世，忠义为本，但在五代是一件很难的事情。五代的冯道是五代士人的一个典型，《新五代史》中说："当是时，天下大乱，戎夷交侵。生民之命，急于倒悬。道方自号'长乐老'，著书数百言，陈己更事四姓及契丹所得阶勋官爵以为荣。"这种行为在后世遭到严重非议，不过看当时的历史情境，冯道的行为倒也情有可原。而且他也为百姓做了很多事情，基本上是值得肯定的。尽管如此，这不是士人应有的行径。

历史终究是要走向安定，士人所承担起的社会责任就是要重振斯文，建立起一个文质彬彬的社会。这是五代十国中有志之士的梦想，也是历史的突破口。

人文化成——文治的多重含义

如果要谈宋代文治，先要了解文治的含义。

首先，文治是一种政策。中国古代政权稳固的基本定理就是"马上得天下，不可以马上治天下"。一个新王朝建立的方式可以是五代式的，但是其治理方式一定是非五代式的，唯有如此才能走出五代的历史循环圈。宋代的太祖及太宗皇帝高瞻远瞩，推行文治政策，因此构成了宋代文治社会的基础。

其次，文治是一种成就。宋代崇文抑武的策略造就了繁荣的社会文化，一大批具有社会责任感的儒家士大夫在大宋帝国的舞台上展现自己的智慧。胡适和钱穆等学者将其称为中国的文艺复兴时代，巨人辈出，走向了中国封建社会文明的巅峰。

最后，文治是一种心态，或者说是一种文化心理。深入人心的文化必将是动态而持久的，宋代文化在中国历史上的地位在于它构筑了后宋时代的基本文化模式，我们这个民族的文化心理也是在这个时代奠定的。从这个层次上讲，阅读宋代文化也是在阅读我们自身的成长历程。

了解五代的社会现状，理解文治的基本含义，由此我们可以走进新时代——文治的宋朝。

目 录

文治大宋

第一章
文治的奠基

一、终结五代

须臾走向天上来

黄袍加身的梦想终于实现，赵匡胤在心中得意地笑了。从将军到皇帝，他只花了很短的时间。一切仿佛都如梦幻，在那个政权更换频频发生的时代。

那是公元960年的大年初一，开封城里。当后周的君臣尚在庆贺新年的时候，河北的两个地方长官忽然报告说契丹兵正在南下。后周的有为之君周世宗柴荣已经在去年驾崩，只留下孤儿寡母——年仅7岁的周恭帝和垂帘听政的符太后。符太后慌做一团，急急忙忙地命殿前都点检赵匡胤统帅三军北上御敌。

契丹兵其实没有来，赵匡胤却是真的带着禁军走了，他导演的一出

好戏正在如期展开。开封城东北40里的地方有个叫做"陈桥"的驿站，驿站旁边有棵老槐树。初三的晚上，大军开到了这里。赵匡胤把马拴在槐树上，进驿站休息。

睡梦中的赵匡胤被惊醒了，禁军将校们涌入了他的寝室。将早已准备好的黄袍披在了他的身上，高呼"万岁"。就这么简单，他成了大宋王朝的开国皇帝。

老槐树见证了这一突发性的历史性事件，拴马的时候赵匡胤还是将军，解马的时候他就是皇帝了。

当时赵匡胤表现得很惊讶，一开始似乎还是不知所措。然后仿佛面对着一件自己极不情愿的事情，他对将士们说："你们这些人贪图富贵，非得让我当皇帝。既然如此，如果你们听我的号令，我就当这个皇帝；如果不听我的命令，这皇帝我就不当了。"

众将士一齐下马，说："唯命是从。"

将士们簇拥着新皇帝回到了开封城，路上几乎没有任何抵抗。众人都已经习惯了，改朝换代并不是什么新鲜事，有个叫"陶穀"的文人已经提前为他准备好了禅让诏书。需要说明的是，这是在赵匡胤导演范围之外的，但是这段加进去的戏让一切显得更加带有戏剧色彩。

禅让，多么温情的说法。它掩盖了背后实力的较量和生死的抉择，但也昭示了这次改朝换代的和平特色。

赵匡胤登上帝位，成为宋太祖。他所面对的是一个尚未完成的帝国，这个初生的帝国缺乏历史的积淀；同时强敌环伺，极有可能夭折。

尽管一切进行得如此顺利，这种顺利却让赵匡胤害怕；尽管是坐在龙椅上，但这种忧虑一直萦绕在他的心头。他对自己最为信任的大臣赵普说："自从唐末以来的几十年里，帝王换了八个姓。战斗不息，生灵涂炭，我怎样才能使国家长久呢？"

赵普很早就跟随赵匡胤，他对赵匡胤的心思十分了解，他说："当今之计，唯有'收兵'二字可以平天下。"

赵匡胤说："愿闻其详。"

赵普说："石守信和王审琦这些人都手握重兵，兵权太重，恐怕不利于国家太平。"

赵匡胤想，这些都是我曾经的好哥们，怎么会背叛我呢？这些人不用担心吧？

赵普说："这些人对你都是忠心耿耿的，只不过担心他们不能控制好自己的部下。万一他们的部下要做乱，他们到时候也是身不由己啊。"

这句话说到赵匡胤心里去了，一番思索之后，他精心设计了另一场戏。

一天，赵匡胤在宫中摆下酒宴，把石守信、王审琦和高怀德这些禁军的高级将领叫在一块喝酒。正当大家喝得酣畅淋漓的时候，赵匡胤表现出酒后吐真言的样子，他说："没有你们就没有朕今天的地位，你们的恩德实在是让朕难以忘怀。只不过当了皇帝之后才发现，当皇帝还不如当节度使那样快乐，每天晚上朕都是难以安睡啊！"

石守信等人一听，忙问为什么？

赵匡胤说："谁不想坐朕这把椅子呢？"

石守信等人连忙跪地磕头，说："现在天命已定，谁敢怀此异心？"

赵匡胤借着酒劲说："咱们曾经都是好兄弟，当然没有异心。可是你们的属下要是想获得富贵，把黄袍披在你们身上，你们想不干也不行啊。"

这话说得太厉害了，简直就是要诛杀功臣的前兆嘛。石守信等人连连磕头，问皇上何以改变这种局面。

赵匡胤表现出语重心长的样子，从人生哲理的角度给他们指点迷津，他说："人生在世，就像白驹过隙，转瞬即逝。所要的富贵无非就是多存点钱，自己好好享乐，子孙也过个好日子。你们要是解去兵权，当个地方大员。买下良田美宅、歌儿舞女，饮酒作乐，逍遥自在。儿孙满堂享受天伦之乐，生活岂不美哉？朕和你们结个婚姻之亲，这样互不

猜疑且上下相安，还有比这更好的办法吗？"

石守信这些人领会圣意，拜谢不止，第2天纷纷称病辞职。对于这些识时务的老部下，赵匡胤授予他们节度使的职务。让他们出镇地方，唯一一个保持军职但无实权的石守信一年之后也自请免去军职。节度使虽说听起来是封疆大吏，不过到了宋朝，地方上官职发生了很大的变化。大权收归中央，节度使也就是个荣誉的空衔了。

后来赵匡胤就把自己的两个女儿分别嫁给了石守信和王审琦的儿子，把自己的妹妹嫁给了大将高怀德。本来王审琦的儿子王承衍已经娶妻了，又怎能再娶皇上的金枝玉叶呢？所以婉言谢绝了皇上的美意，赵匡胤微笑着对王承衍说："这样做你老爹才会高枕无忧啊。"王承衍没办法，为了老爹能够高枕无忧，就只好让自己的老婆改嫁，自己又娶了公主。

陈桥兵变和杯酒释兵权是赵匡胤一生中做得最漂亮的两件事，前一件事使他顺利地登上了皇帝的宝塌；后一件事使他可以在宝塌上睡得比较安稳。

然而要想真正地安稳却不是一件容易事，谁能保证宋朝不会成为五代之后的第6代呢？这是历史对赵匡胤的考验。

赵匡胤是名军人，他出生在洛阳城外的军营里。年少的时候，他不喜欢舞文弄墨而喜欢舞枪弄棒，少林拳术中的太祖长拳就是由其创立的。他还擅长使用短棍，人们常说他是"一条哨棒打下四百州江山"，从这一点来说他是十足的赳赳武夫。

他曾经写下一首题为《初日》的诗：

> 欲出未出光邋遢，千山万山如火发。
> 须臾走向天上来，赶却残星赶却月。

这是赵匡胤留下来的唯一的完整的诗，语句粗犷，不如大诗人那样有文采。但却是典型的帝王体，大气而豪迈，写出了他心中的万丈豪情和凌云壮志。

日落九世纪，经历半个多世纪的沉沦之后，一轮新日即将升起。

这位心思缜密的军人要做出一番不同于前人的事业。军人出身的他在五代军阀混战的时代可以发挥自己的特长，也使得其对军人这个群体十分了解。他不可以使自己的帝国重蹈梁、唐、晋、汉和周的覆辙，不能做第6代，而要做五代的终结者，所以他需要更加高明的政策。

"马上得天下，不可以马上治天下"，赵匡胤深谙这个道理。他要推行文治的政策，这才是真正的长治久安之道。赵匡胤可以称得上是大宋文治帝国的总设计师，史书中常常称赵匡胤为"艺祖"。大名鼎鼎的历史学家黄仁宇说因为赵匡胤骑马射箭技艺一流，而且对各种军师技艺很感兴趣。所以宋朝人称之为"艺祖"，这完全就是望文生义。其实"艺"就是"文"的意思，《尚书》中就有"艺祖"的说法。后来"艺祖"成为对开国之君的通称，唐朝的时候唐高祖也是被称为"艺祖"的。

不过，宋代以后"艺祖"这个名词差不多变成了赵匡胤的专称，这大概也是因为其文治政策深入人心吧。

至于这一政策是如何推行的，我们在下面将进一步揭晓。

宰相须用读书人

赵匡胤登基后的第1个年号是"建隆"，这个年号用了3年之后，他决定改年号。特命宰相查一查历史上曾经用过的年号，以免重复，经过宰相的查询并和他本人一番商讨之后决定以"乾德"为新的年号。

乾德3年（965年）初，宋灭后蜀。蜀国国主孟昶被押送到了开封，后蜀的一些宫女也有随着到开封后被选为宫女的。有一天，赵匡胤在一名后蜀来的宫女的梳妆盒中无意中看到一面旧铜镜，铜镜的背面竟然铸

着"乾德四年铸"。于是大吃一惊，连忙招来宰相赵普等人询问原因，但是无人能够回答。他再叫来翰林学士窦仪等人，窦仪来了一看，就说："这肯定是蜀地的东西，前蜀的王衍用过'乾德'这个年号，这面镜子应该是当时铸的。"

赵匡胤恍然大悟，不禁感概道："宰相须用读书人。"

从一个武人出身的皇帝口中说出这样的话是很难得的，但是赵匡胤不仅这样说了，还这样做了。不仅宰相用读书人，各级官员都尽量用读书人。崇文抑武，使得全社会形成崇尚文化的风气。

早在他说这句话之前，即建隆3年（962年），他曾经对左右说："朕想让这些武臣都读书，从而知道怎样治理天下，你们觉得怎么样？"这帮臣子此时脑子里想的还是杀伐之事，一时间竟无言以对。宋太祖比周围那些人想得更远，当周围人还依旧在考虑武功的时候，他就在考虑如何进行文治了。

他曾经在太庙寝殿的夹室里立了一块碑，这块碑被称为"誓碑"，碑文只有皇帝可以阅览。赵匡胤命令从今以后四季祭祀及新天子登基的时候，先行拜谒太庙之礼，然后恭读誓词。

由于群臣没有机会看到碑文，所以北宋以来除皇帝外一直没有人知道碑文的具体内容。北宋灭亡后太庙被金人洗劫，誓碑展现在世人面前，只见上面刻了3项誓言：

1. 柴氏子孙有罪不得加刑，纵然犯谋逆之罪，止于狱
   中赐自尽。不得于市曹中刑戮，亦不得连坐支属。
2. 不得杀士大夫及上书言事人。
3. 子孙有渝此誓者，天必殛之。

这个誓言中需要遵守的就两条，一是要优待前朝皇室；二是不能杀文人和言官。赵匡胤即位以后的确很优待前朝的太后和皇帝，显示出了

其胸怀气度。从而博得了好名声，也极大地安抚了前朝皇室及其亲族友人。宋建立之后迅速统一全国，政权逐步稳固。柴氏家族对宋朝其实已经很难构成威胁，因此第2条誓言的意义显得格外重大，因为这是赵匡胤文治政策的核心内容之一。这条誓言是很难做到的，不过宋朝的皇帝基本上都坚持遵守这个誓言，以至于后来有人感叹"不杀文人是美事，但是对于蔡京和秦桧这些人实在是失刑"。

纵观中国历史古往今来的朝代，除了宋朝以外没有一个王朝能够做到这样的程度。因而有人说正是由于赵匡胤的这条誓言深得人心，所以保了赵家的300年江山。

赵匡胤文治政策的另一个体现是发展文教且三教并重，儒佛道三教构成中国传统文化的主体。"儒教治世，佛教治心，道教养生"，构成一种基本的文化理念。宋太祖在对待三教的态度上不偏不倚，都很重视，这一传统也为后代所继承。

先看他如何尊儒

建隆元年（960年）2月，就是赵匡胤登基后的第2个月。他亲临最高学府——国子监，并下诏对校舍修葺一番，塑绘先圣、先贤和先儒的画像。他还亲自撰写了孔子的赞辞——《宣圣赞》：

王泽不衰，文武将坠。
尼父挺生，河海标异。
祖述尧舜，有德无位。
哲人其萎，凤鸟不至。

此后他还多次到国子监视察，向国子监的学官及学生赐予酒和钱物。对于孔子的后代，他也是格外关照。乾德4年孔子的44世孙孔益举进士未能及第，于是他向朝廷上书，述说自己的家世。赵匡胤看了上书以后就给予他特殊待遇，授予进士，并让他担任曲阜县主簿。

再看他如何礼佛

中国佛教史上有4位皇帝大力毁佛，合称"三武一宗"，分别是北魏太武帝、北周武帝、唐武宗和周世宗。周世宗是一个对佛教深恶痛绝的人物，他下诏要废掉天下的佛寺30 000余所，要把天下所有的铜佛像都毁掉用来铸钱。赵匡胤即位不久之后就停止废佛令，尊重佛法，据说他这样做是鉴于周世宗灭佛4年之后暴死的因果报应。

一次宋太祖来到大相国寺视察，到佛前烧香，问掌管全国佛教事务的僧官赞宁说："当拜还是不当拜？"根据佛教的教义，众生都是平等的。即便是贵为天子也不过是世俗中人，应该在佛前跪拜。不过赞宁是个聪明的和尚，他知道自己的回答将是生死攸关。他非常坚定地说不拜，赵匡胤问为何不拜？赞宁说"现在佛不拜过去佛"。意思就是说释迦牟尼是过去的佛，而皇帝是现在的佛，佛与佛就应该平等相待了。赵匡胤大为高兴，大力倡导佛教并给予赏赐。

宋太祖曾经还赐钱3万，派了150个和尚到西域去宗教旅游，进行佛教文化交流。开宝3年（970年）他下令在四川成都雕刻《大藏经》，这是中国历史上第1部雕版印刷的《大藏经》。

当时有一个叫做"李霭"的河南府进士，对佛教十分不屑。写了一本叫做《灭邪集》的书，对佛教大肆攻击。他还把佛经缝成内裤穿在身上，以表示自己对佛教彻底的鄙视。一些僧人对其行为十分不满，向朝廷告状。赵匡胤认为此人严重扰乱社会治安，破坏了安定团结的大好局面。于是把他杖责之后流放到了沙门岛上，此举足见赵匡胤礼佛的决心。

最后看他怎样重道

赵匡胤在平定天下的时候，曾经派遣特使到北岳和西岳等道观举办祭祀祷告活动，希望借此来保佑自己江山稳固。他还经常驾临开封城的太清观，将太清观的名字改为"建隆观"，国家有重大斋醮活动的时候就在此观举行。

赵匡胤对道士的养生术特别感兴趣，开宝2年（969年）他在亲征山西的途中听说当地有一位为世人所仰慕的有名道士叫"苏澄隐"，而且听说他的养生术特别厉害。于是派遣特使将苏澄隐招来，赵匡胤说："朕建造了建隆观，想让有道之士居住在里面，不知道大师有没有这个意愿？"苏澄隐是真正的高人，绝非那些打着道教旗号开养生班招摇撞骗的伪大师。他说了8个字："京师浩攘，非所安也。"由此可见他的境界。赵匡胤也很敬重他，不做强求。过了几天又问他养生之道。他说："大师已经年过八十，看起来神采奕奕，请你教朕养生之术。"苏澄隐这回的回答更显其大师水准：

> 臣养生，不过精思练气而已；帝王养生，则与此不同。
> 老子说：我无为而民自化，我无欲而民自正。无为无欲，凝
> 神太和。昔黄帝、唐尧享国永年，即用此道也。

他将养生之术上升到国家治理的高度，给赵匡胤上了一课。赵匡胤点头称是，赠与了他很多物品。

这就是宋太祖不杀文士和重视三教的文治政策，至于他更高明的文治政策，我们在下面进一步述说。

太祖皇帝真长策

赵匡胤最为高明的文治政策是什么呢？其实就是为人们所熟悉的科

举制度，他对科举制度的发展有着特殊贡献。

科举制度创设于隋朝，唐朝进一步完善，它采用公开考试、公平竞争与择优录取的方式选拔人才。李世民在一次科举考试结束后登上端门，看着新进的进士们鱼贯而出，不禁得意地说："天下英雄尽入吾彀中矣。""彀中"本来是指箭射出后所能达到的范围，后来的引申义就与"圈套"和"牢笼"差不多了。唐人诗句说"太宗皇帝真长策，赚得英雄尽白头"。一代又一代的青年才俊，就像今天的高考生一样，将自己的青春无怨无悔地奉献给了这种旷日持久的人才选拔战争。今天的高考依然被称为"没有硝烟的战争"，就是延续着科举的遗风。科举让那些血气方刚的英雄豪杰们在诗词文墨中耗尽自己的美好年华，而皇帝自然可以高枕无忧。

这样的长策被赵匡胤全盘吸收并进行了很大的改进，其中最为重要的就是殿试制度的诞生。话说这殿试的由来，却又是一番故事。

唐代的时候，及第的进士都把主考官认做恩师，主考官和门生之间形成了一种很强的依附关系。恩师与门生的关系往往亲密无间，在朝廷形成朋党，极大地威胁皇权的威严。赵匡胤对此十分警惕，他曾经下诏禁止及第的举人称主考官为恩师，不能自称为主考官的门生。但还是存在主考官徇私舞弊的事件，赵匡胤对此深恶痛绝。

开宝6年（973年）的时候，新科进士及诸科举人30多人在讲武殿接受天子的召对。赵匡胤发现有一个叫做"武济川"的进士和一个叫做"刘浚"的举人在对答的时候表现实在欠佳，应对失次，不是进士和举人应有的水准。简直就是南郭先生，就把他俩从合格者名录中划去了。之后他知道这俩人原来是主考官李昉的同乡，不禁是龙颜大怒。

正当这时，有个叫做"徐士廉"的落第进士，正为自己的落第愤愤不平。他击鼓鸣冤，上书告发李昉在录取的时候徇私情，取士不公。而治理天下保证国家长治久安的关键就在于取士的方式，不能让做臣子的用自己的恩惠笼络人心，所以建议皇帝举行殿试。

赵匡胤看到这个建议，龙颜大悦。他在讲武殿重新出题，让落第的举人们重新考试。考完后亲自阅卷，确定录取的名单，徐士廉在考试中金榜题名。这件事之后，李昉等考官受到了贬官的处罚；同时通过这次重考，催生了科举考试中一级新的考试程序——殿试，把对文官的选拔权牢牢地掌握到自己手中。从此以后，主考官和考生之间那种亲密的师生关系走向淡化，考中的进士都可以非常自豪地说自己是"天子门生"了。

其实，这个事件完全就是赵匡胤一手导演的。赵匡胤绝对是一流的导演，他导演了陈桥兵变，导演了杯酒释兵权，也导演了这场"科场舞弊案"。那位李昉大人本来是一位非常正直清廉的人物，想当初，赵匡胤刚刚登基之后要召见他，他不慌不忙地骑着驴慢悠悠地去京城。其实是要表示对新政权的消极抗议，这自然令赵匡胤心里很不舒服。这回让李昉主持考试，早就准备让他难堪。至于那位徐士廉，很有可能就是赵匡胤的托儿。不然哪有这么巧合的事情，这边刚刚黜退了李昉录取的一名进士和一名举人，那边他就敲了登闻鼓告状？这个时间把握也真是恰到好处，赵匡胤的导演功夫实在一流。

不管怎样，赵匡胤很成功地把科举取士的权力紧紧握在了自己的手中。对此他十分得意，他觉得那些出身贫寒而有真才实学的学子可以通过自己亲自考试决定他们的前途，以前那些科场上徇私舞弊的事件很大程度上可以杜绝了。

的确，在当时的政治环境下，由皇帝掌握考试权可以让更多的贫寒子弟有出人头地的机会。此举得到了更多人的拥护，后来有首《神童诗》说：

天子重英豪，文章教尔曹。
万般皆下品，唯有读书高。

这就很鲜明地反映了当时的社会心态。

赵匡胤为了让更多的士子进入他的彀中，给那些偏远山区的考生们发放路券。拿到这个路券之后，他们的食宿问题就由路途中的官府来负责。给贫寒子弟送去了温暖，带来了福音。对于那些考试老是考不中的"留级大王"也给予特别优待，如果考了15次还没考上，就予以特别照顾。即授予特奏名及第，也就是名誉学位。这样一来就比现在的高考还要保险，考生们自然是欢天喜地感恩戴德，即便是两鬓斑白也无怨无悔。所以有人说"士子潦倒不第者，皆觊觎一官，老死不休"，而"英雄豪杰皆消靡其中而不自觉，故乱不起中国而起于夷狄"，这就是宋太祖的长策。

这样一来，状元就是那个时代的明星人物。北宋很多人感慨，中了状元比领十万大军收复燕蓟凯歌而还还要荣耀。当时一些富贵人家，等着在放榜那天为自己的女儿找个好丈夫。形成了一种"榜下捉婿"的场面，成为当时人们谈论的主要话题。

赵匡胤这位文治帝国的总设计师，通过一出又一出的好戏，为社会营造了一种重视文化的社会氛围。他的初衷无非是为了让自己在龙床上睡得安稳，但其长远影响却是造就了一个文质彬彬的王朝。

宋朝末年有个叫"吴渊"的人说：

艺祖救百王之弊，以道理最大一语开国，以用读书人一念厚苍生。文质彬彬，垂三百年，海内兴起未艾矣。

前面已经说过，艺祖就是文祖的意思。赵匡胤是一个军人出身的皇帝，但是这个称号当之无愧。"文质彬彬，垂三百年"，这是他不朽的功绩。

二、巩固新朝

太宗本色是文人

公元976年，宋太祖赵匡胤在一团历史疑云中驾崩。赵匡义登上了皇位，就是宋太宗。

父亲死了儿子当皇帝才是正常，其名曰"父死子继"。现在是哥哥死了弟弟当，美其名曰"兄终弟及"。即便是说得头头是道，比如说是他俩老娘的主意。而哥哥孝顺，又觉得弟弟有才，所以就把皇位传给弟弟，但终归是让人生疑。不过这点家事已经过去一千年了，没人说得清，恐怕再过一千年还是说不清。

这兄弟俩，完全就是两种类型。宋太祖是个武士，而宋太宗是个文人。如果赵匡义只是一个普通的读书人，他最想做的官职恐怕是翰林学士。他曾经说过："学士之职，清切贵重，非他官可比，朕常恨不得为之。"可见他对这一职位的看重和他的文人本色。

在他们很小的时候，这种性格差异就显示出来了。赵匡胤喜欢舞枪弄棒，而赵匡义喜欢舞文弄墨。

如果不是跟着哥哥打江山，赵匡义一辈子也就是一介书生吧。

赵匡义对书的痴迷那可真是让人吃惊，很小的时候，他就把家里的书看完了。要知道他爸爸也喜欢看书，所以家里还是有不少藏书的。家里的书看完了他就到别人家借，晚上喜欢熬夜读书。他妈妈一看到深夜他房间里灯还亮着，就觉得这孩子有出息。

从下面这个故事也可以看出这哥俩的性格差异。

宋太祖虽说是个很优秀的皇帝，生活也很节俭，不过饮酒作乐这些事总是免不了的。他的很多大手笔不就是在酒桌上完成的吗？赵匡胤曾经对一个叫"金城夫人"的女人特别宠爱，有一天赵匡胤在后宫苑内设

下酒宴，边喝酒边射箭。赵匡胤给弟弟斟了一大杯酒叫他喝，而赵匡义是个不爱喝酒的人。所以坚持不喝，赵匡胤坚持劝他喝。

赵匡义看着花圃说："金城夫人亲手给我折枝花来我就喝。"赵匡胤就让金城夫人去折。金城夫人刚走过去，赵匡义引弓放箭，金城夫人一命呜呼。

赵匡义跪在地上，抱着他哥的脚说："陛下刚得了天下，要以社稷为重。"

赵匡胤听了这话，也没说什么，继续喝他的酒。

应该说赵匡胤尽管在逐步推行他的文治政策，但是他的骨子里还是带着五代的习气，喜欢放纵享受。五代时人的哲学就是人生苦短，要及时行乐，赵匡胤的大脑中这种想法居多。

宋太宗赵匡义的登基代表着一种新的气象。

作为文人的宋太宗，他更喜欢在文学艺术中体味生命的意义，而不是在饮酒作乐中耗费时光。

宋太宗喜欢写诗，诗写得还真不坏。比如这首《缘识》：

君子淡交如似水，小人交结甘如醴。

微洼浪息派分流，倏忽之间生谤毁。

但去骄矜添意气，贞松全胜凡花卉。

狂风秖是有尘埃，大海潮宗深无底。

还是蛮有韵味的。他最好的诗友是李昉，前面说到科场案中，李昉被宋太祖玩了一把。不过并没有给他很重的处罚，后来还是让他担任翰林学士。宋太宗登基以后，对他也很重视。李昉还是一位诗人，他特别喜欢白居易的诗，当时称之为"白体诗"。李昉写诗的水平比较太宗还是要高点，读一读李昉的这首诗就可以知道：

夜来微雨晓来风，春色都归怅望中，

杨柳带烟嚬细绿，牡丹和露泣残红。

毕竟太宗是皇帝嘛，而且太宗也是个白体诗的发烧友。君臣二人一唱一和，诗交甚洽，相得甚欢，关系非比寻常。

宋太宗也是个书法家，他找了当时最好的书法家当自己的老师，最后一手飞白漂亮得不得了。这飞白是书法的一种特别的书写方法，创始于大书法家蔡邕，到了宋太宗这里才叫真正发扬光大。所以在中国古代书法史上，宋太宗还是有一席之地的。

李昉有个儿子叫"李宗讷"，写得一手好字。李昉叫儿子把自己跟皇帝唱和的诗篇缮写一遍，交给太宗。太宗一看字太漂亮了，觉得李昉的字太好了，立马收藏起来。

后来李昉退休了，但是太宗还时常挂念他。一年元宵节的时候邀请李昉一块儿观灯，两人又聊起诗来了。这李昉真是有才，他站起来就背太宗的旧诗作。一口气背了70首，一字不差。太宗大吃一惊，说爱卿啊，你咋记得这么准啊？李昉回答说，臣退休之后闲来无事。每天早上安坐书斋，焚香诵读皇上的诗。一日一遍，从不间断。太宗一听大为感动，立马说朕也是很想念你啊，你当年缮写的诗朕还珍藏着呢，不知爱卿近来笔力如何？李昉明白了，原来太宗一直以为是自己写的。赶忙解释说臣拙于书法，犬子宗讷代笔，让皇上见笑。

太宗这才知道，原来李昉的儿子是个书法家，爱才的他随即就赏了李宗讷一个官。

太宗喜欢白体诗，还有个原因就是他特别推崇道家黄老之术。他跟道教宗师陈抟老祖有来往，深受其思想影响。

宋太宗是个高产诗人，留下来的诗有560多首。虽说没有一首被传唱，不过写了这么多也可见他在诗歌上很下工夫。这560多首诗中，有200多首的题目都是《逍遥咏》。《庄子》里面有一篇叫《逍遥游》，

白居易诗作中也有《逍遥咏》。宋太宗也是时刻想着逍遥，于是诗歌也都是从白居易那里模仿过来。

白居易诗说：

> 亦莫恋此身，亦莫厌此身。此身何足恋，万劫烦恼根。
> 此身何足厌，一聚虚空尘。无恋亦无厌，始是逍遥人。

宋太宗写道：

> 自在无拘束，逍遥里外安。　顽情终不见，圣境类乎端。
> 机智将何用，幽深大道宽。　区分能解意，四季一周看。

意思差别不大，都是要逍遥，要自在，把天地万物看得都很淡然。

国学大师陈寅恪说白居易的思想，一言以蔽之就是"知足"。宋太宗也是在他那忙碌的人生中寻找知足的办法，他选择了艺术，选择了诗歌。就个人选择来说，完全不同于他哥哥。而这种选择所促成的治国理念，确实是沿着宋太祖所制定的文治路线在走。

即便是这样，别忘了作为一国之君的宋太宗也有开土拓疆的愿望，也是希望能够四海归心且混一宇内。至于他的武功如何，我们在下面将为您揭晓。

可叹此人不知兵

虽然赵匡义喜欢附庸风雅，但是拓土开疆的愿望也很强烈。而且大宋一统中原，吞并江南，南北混一就是在太宗时代完成的。

在赵匡胤驾崩的时候，中原地区还没有完全统一，山西的北汉政权在契丹的支持下顽强地存在。赵匡义登基之后，以巧妙的手段收服吴越和福建。南方平定，后方稳固。于是在太平兴国4年（979年），发动了平北汉的战争。宋太宗御驾亲征，大兵直逼太原城下。北汉内外交困，最终投降。至此，地方割据的局面结束。宋太宗在平定北汉之后得意非常，展示自己的文采，做了《平晋诗》让群臣来和。

然后他未待军队休整，就趁势向河北进发进攻契丹的南京幽州，也就是今天的北京。攻打北汉用了几个月的时间，军队疲惫不堪。并且粮饷缺乏，本来是不宜再战。不过太宗正在兴头上，以为这是建立不世之功的大好机会。因为之前攻打北汉的时候，契丹曾派兵增援北汉。但在石岭关遭到北宋猛将郭进的伏击，契丹大败。太宗以为契丹兵不堪一击，而当时有一些官员喜欢迎合太宗。说大好时机失不再来，所以太宗觉得应当兵贵神速，匆匆进发。

其实，这哪里是大好时机。辽朝在有为之君景宗耶律贤的统治下，10年生息，实力大增。而且辽国名将辈出，像耶律休哥和耶律斜轸都不是等闲之辈。

宋太宗率大军到了幽州城下，开始攻城。辽朝守将汉人韩德让指挥军队死守，岿然不动。宋军围攻了半月之久，实力耗损，锐气大减。

这年的7月6日恐怕是太宗终生难忘的日子，这一天辽军反攻，爆发了历史上有名的高粱河战役。高粱河在今天的北京西直门外，这里地势平坦，辽军铁骑大展手脚。当时，宋太宗遭到耶律沙、耶律休哥和耶律斜轸三面夹攻，宋军急忙调围城部队迎敌。城内辽军一看援军赶到了，便开门列阵，鸣鼓助攻。宋军腹背受敌，陷入了重重包围之中。在辽军数路猛攻下苦战到傍晚时分，宋军死伤无数，最终全线崩溃。

在激烈的混战中，太宗腿上中了两箭。他仓皇而逃，狂奔300里到了涿州。箭伤疼痛难忍，无法骑马。只好找了辆驴车，继续南逃。

这一仗实在是输得太惨了，给太宗留下了惨痛的记忆。隐隐的箭伤之痛一直折磨着他的身心，直到若干年后因箭伤复发而亡。

太平兴国7年（982年），耶律贤去世。他的儿子耶律隆绪即位，就是辽圣宗。年仅12岁，承天太后萧燕燕主持朝政。宋太宗一听到这个消息，喜出望外，觉得这真是天赐良机。而且他还听说萧燕燕跟此时已担任大丞相的韩德让关系暧昧，觉得辽朝高层一定是糜烂不堪，一片混乱。于是他决定二次北伐，以求平定燕云。

雍熙3年（986年）正月，宋军出动30万人。兵分3路，浩浩荡荡，全线进攻。

其实，宋太宗又一次判断失误。萧燕燕与韩德让二人确实有私通关系，不过一个是辽国太后；一个是辽国丞相。二人同心，共掌朝政，反而是黄金拍档。使得政令畅通，上下一心。别看那萧燕燕是女流之辈，她可不是那种温柔贤淑弱不禁风的南朝女子，而是能够统兵打仗且杀伐决断的女中豪杰。其气度风范绝不在太宗之下，可能还要略胜一筹。韩德让也是能文能武，堪称治世能臣。

因此，这一时期是辽朝历史上最辉煌的年代。萧燕燕很会用人，在圣宗即位的那一年，她就任命能征善战且足智多谋的耶律休哥为燕京留守。并允许他便宜行事，总令南面的军务。耶律休哥不负所托，在这一期间劝农桑，修武备。边境大治，深受拥戴。他眼光卓远，对宋朝的进犯早有防备。

因而宋太宗在对外征战时机的选择上，是绝对错误的。

高粱河惨败之后的宋太宗没有再亲临战场，但是雍熙北伐还是由他亲自指挥。他用阵图遥控前线，在宫中指挥大军。

宋太宗一介文人，韬略比起他哥哥差远了。却自以为是军事天才，对武将尤其不放心，喜欢越俎代庖。他预先设计好阵图，交给出征的将帅，让他们不折不扣地执行。战争形势瞬息万变，当时又没有手机电脑无线电等现代技术，所以这种做法极有可能贻误战机甚至是自寻死路，因此荒谬的阵图必然导致荒谬的战争。可是运筹于帷幄之中，决胜于千里之外，恰恰是太宗最大的梦想。

结果，大将曹彬到了战场上，面对的是承天太后的御驾亲征。宋太宗得到情报之后，一时间惊慌失措，下令让曹彬撤退。宋军一撤退，辽兵就追击，东路军的10万大军全部溃败。

在这种不利的形势之下，中路军和西路军只得撤退。撤退过程中，名将杨业为了护卫大军顺利撤退，陷入辽军包围之中。主将潘美却没有发兵救援，最后杨业被俘遭杀害。后人将其事迹演义为《杨家将》的故事，潘美被塑造成了蓄意陷害忠良杨业的大奸臣。受万人唾骂，至今难以翻身。

雍熙北伐是宋辽之间规模最大的一次战役，也是宋太宗企图收复燕云的最后努力，但这又是在错误的时间以错误的指挥方式进行的一场错误的战争。最懂军事的毛泽东一眼看出赵匡义"此人不知兵"。辽军的战略其实都差不多，先是避其主力，诱敌深入，再聚而歼之。太宗不吸取教训，所以一败再败。

两次战争的失败对赵匡义的心理产生了很大的影响，雍熙北伐失败后，宋太宗气急败坏而又羞愧难当地对大臣们说："你们一起盯着朕，看看以后还做不做这样的蠢事。"后来他又颁布了《罪己诏》承担战败的责任，收买人心。

宋太宗转而把统治重点放在对内的防范和控制上，淳化2年（991年），他声称"国家无外忧，必有内患。外忧不过边事，皆可预防。奸邪共济为内患，深可惧也，帝王当用心于此"。主张要巩固根本，防微杜渐，扭转风气，自此确立了宋朝以一贯的守内虚外政策。

宋太宗将他哥哥崇文抑武的政策发展到了极致，甚至连边地的军事重镇都换成了文官担任，这使得宋朝的军事力量显得薄弱而不堪一击。然而将对外的攻势变为守势，也让太宗有更多的时间去写诗，去进行书法创作。以建构他的文治帝国，他需要更多的粉饰来维护自己内心的伤痛。

革故鼎新创法度

宋太宗将政策转向国内，在文治方面取得了超越太祖的成绩。他说："朕每读《老子》至'佳兵者，不详之器，圣人不得已而用之'，未尝不三复以为规诫。王者虽以武功克定，终须用文德致治。"深受箭伤折磨的他，在攻辽惨败的心理阴影下，深深感受到这些不祥之器给自己带来的困扰，所以他更加不遗余力地推行文治。

宋太祖说"宰相要用读书人"，宋太宗也认为要将事业付之于书生。重用文人，他甚至让文官石熙载当了最高军事长官枢密使。可是那时候刚经历五代兵荒马乱的岁月，哪来那么多读书人？太祖朝的官员队伍还是以武人居多，宋太宗的办法是增加科举的名额。这一加可不是个小数目。

宋太祖在位十几年，考中进士的只有180多人。加上诸科什么的，也才400多人；太宗这一朝，第1次贡举取了进士109人，诸科207人。宋太宗又调阅贡举档案，补录特奏名进士和诸科184人。加起来有507人，比太祖十几年取的人数还要多。以后每次科考都能取好几百人，甚至上千人，这规模比前些年的高校扩招还要夸张。

太平兴国3年（978年），本来太宗已经下诏书说这一年停止贡举。但他突然改变主意，认为还有很多人才可以选拔，下令各州已经获得解送资格的在今年秋天到礼部集中考试。本来省试和殿试都在春季，这次却在秋季举行。这一榜的状元胡旦有句名言："应举不做状元，仕宦不做宰相，乃虚生也。"颇能反映当时士子的心态。

这样做宋朝的官员队伍发生了根本性的变化，因为一旦中了进士就有了官做。而且不光自己可以做官，自己的儿子也可以做官，这就叫做"恩荫"。既然有了这等美事，男儿当自强，怎能不读书？

这里有个关于赵普的故事，颇能见当时的社会风尚。赵普辅佐太祖定天下，功莫大焉。不过赵普本来只是一个私塾先生，教小孩子读书的，主要就是读了本《论语》。按说现在有人读了点《论语》，那就很了不起了，被人称为"国学大师"。可在那时候，读了《论语》也只是个小学学历，处于半文盲状态。杜甫诗说："小儿学问只《论语》，大儿结束随商贾"。《论语》是小孩子读的，可赵普大人虽说是手不释卷，可读了一辈子就读了个《论语》。

赵普在太宗朝再次当宰相，太宗就问他听你只读了本《论语》。赵普心里很不爽。他知道现在满朝读书人，个个比自己有学问，于是说道："臣一辈子确实就是读了本《论语》，不过臣用半部《论语》辅佐太祖皇帝平定了天下，现在将用另一半辅佐皇上把天下治理成太平盛世。"这就是"半部《论语》治天下"这句话的来历。后来被人传歪了，以为说《论语》这书有多么了不起，其实赵普是想说爷没读书照样能够经邦济国。

其实从赵普这句酸溜溜的话中已经可以看出一个事实，即宋朝在太宗这个时代已经满朝都是读书人，确立了文官政治的基本架构。

除了重视科举以外，宋太宗还鼓励文化事业。集中展现太宗时代在文化事业方面成就的是3部大书，即《太平御览》、《太平广记》和《文苑英华》。

宋朝设立了昭文馆、史馆和集贤院3个国家图书馆，但是图书馆里的书并不太多。在南征北战的过程中，太祖和太宗将各割据政权的书都收集起来，还奖励百姓献书。要是献的书是三馆所缺少的，则对这些献书的人给予丰厚的物质奖励。献得少的可以获得报酬，献得多的就可以授予一个官职。还派人到一些藏书家的家里去抄书——没有强迫他们上缴，可见宋朝真的很文明。经过一些年的收集，国家的图书已经有了一定的规模，于是宋太宗下诏修书。

李昉作为文化界的领袖人物，又深得太宗信任，理所当然地当上了总主编。

《太平御览》是大型类的书，部头相当大。全书分为55部、5363

类，五代以前的书在这部类书中保存得最多。而且其中保存的那些书，大部分到现在已经失传了。所以后来很多人都到这部书中做辑佚的工作，从中可以把失传的书找一部分回来。《太平御览》最先的名字叫《太平总类》，因为是太平兴国年间编的。

这部书编好之后，宋太宗给自己制定了阅读计划。每天读3卷，一日不停。宰相们心想，这分量可不轻。到了冬天日短夜长，天寒地冻，万一闹出个龙体欠安可不好。太宗说开卷有益，读书要破万卷，区区一千卷哪值得一提。于是坚持不懈，竟把这书读完了。还赐了个书名，叫《太平御览》。从这名字就有可以看出太宗很得意，他要申明这书是朕亲自看了的。

《太平广记》是和《太平御览》同时开始编辑的，这部书收的内容主要就是野史小说。按照题材分成了92个大类，还附有150多个小类，被称为"小说家之渊海"。许多著名的传奇小说，比如《柳毅传》、《莺莺传》，以及《南柯太守传》都是通过这部书保存下来的，喜欢古代小说的人不可错过这本书。

《文苑英华》是在《太平御览》快编好的时候开始编纂的，南朝梁的时候昭明太子萧统是个雅好文艺的人物。他编了一本叫做《文选》的书，收录从先秦到萧梁的著作。宋太宗模仿昭明太子的做法，继承《文选》而编《文苑英华》，收录从萧梁到五代的文学作品。收录的作家有2 200人，作品有两万篇，大部分都是唐朝的作品。

宋太宗为什么要编这些书呢？有人说是为了让原来那些割据政权的旧官员们有事干，让他们在文字之间耗掉自己的年华，这样就不会有复国谋反的念头。如果真是这样，可见宋太宗高明的文治手段。而且雅好文艺并喜欢风雅的皇帝有这样的举措，总比对前朝旧臣大肆屠戮赶尽杀绝要好得多。更何况文化是不朽之盛业，宋太宗时代编的这3部书，流传至今。从而具有不可磨灭的价值，这是宋太宗和李昉还有那些辛辛苦苦地整理编辑抄写工作者们的伟大贡献。

到宋太宗驾崩的时候，宋朝已经走过了47个春秋。在他离世前两年，他对自己的评价是："执心坚固，靡与动摇。昼夜孜孜，勤行不怠。"这确实是实情，宋太宗是一个勤勉的皇帝。他精力旺盛，未尝一日不鸡鸣而起。主宰欲望极其强烈，事必躬亲，以至于宰相说"臣等待罪庙堂，曾无裨益"。不过他也能虚心纳谏，多次下诏求言。

宋太宗总结自己20年来的工作成果是：

睹五代弊政，以其习俗既久。乃革故鼎新，别作朝廷法度。

这也是符合历史事实的，他为建立一个文治的社会奠定了基础。尽管宋太宗认为自己对法度的创作成分较多，但是他的法度依然是沿着其兄的路线前进的。太祖与太宗，一个武士，一个文人；一个用五代的方式终结了五代，一个用文化的方式开创了一个新朝。太祖和太宗为大宋王朝确立了祖宗家法，这个家法的内容包括不杀文人，用读书人；崇文抑武，防范内患；以儒立国，好谏纳言。

宋朝到了太宗这个时代，才是真正地走出了五代，一个崭新的时代即将到来。不过还需要一个过渡时代，那就是宋真宗时代。

三、文人天下

诗酒生活，文章雅事

跟他爸爸赵匡义一样，真宗也是个文人。而且比起他爸爸来，在文治方面显得更为突出。他爸爸从兵荒马乱的岁月中走过来，虽说爱读

书，但毕竟条件有限，而真宗接受的是正规的宫廷教育。当皇帝之前，他听《尚书》听了7遍，《论语》和《孝经》也听了四五遍，儒家的那一套伦理规范他是烂熟于胸的。

生于深宫之中的宋真宗，性格上比较文弱。比起他父亲来，根本就没有开疆拓土的愿望，只希望清静无为。他总想以文人的姿态出现，自然对文人们就显得格外亲近。他重用的大臣，几乎清一色是进士出身的文人。太宗的科举扩招为真宗朝储备了充足的人才队伍，他有条件去任用那些科举出身的官员。

宋真宗最喜欢宴饮和作诗，关于他的宴饮和诗歌有很多故事。

一天宋真宗做了一首《喜雨诗》给二府看，二府就是西府枢密院和东府政事堂。枢密院长官是王钦若，政事堂长官是宰相王旦。几位大臣上前去看了看，王旦仔细拜读皇上的诗，很快看出一处错。但他做事很稳当，以不出现矛盾为准则。所以他当时并未声张，而是赶紧把诗稿塞进自己袖中。

待到和枢密院同僚共同交流读后感时，王旦才正式说出自己的发现："诸位注意到没有，皇上的诗中有一个错字，应该告诉皇上改过来才是。"王钦若一听，忙说这也没啥大不了的。王钦若这个人是有名的鬼头鬼脑，嘴上这么说，一会儿就去跟皇上把错字指出来了。

第二天，真宗面带怒气对王旦说："昨天朕的诗里面有写错了的字，既然你们都知道了，为什么不奏来？"王旦连忙再拜请罪，说："臣昨天拿到诗之后没有时间阅读，所以有失条陈，请皇上恕罪。"在场的其他大臣也纷纷再拜请罪。

只有素以正直闻名的枢密副使马知节不拜，他对皇帝说："昨天这个错字王旦大人已经看出来了，不过王钦若大人阻止他上奏。王旦大人自己不辩解，真是宰相气量！"

宋真宗一听，看着众臣，哈哈一笑把这事打发过去了。不过这件事很能反映这几个人的性格，王旦能够顾全大局，有宰相风范；王钦若为人虚伪，喜欢逢迎；马知节耿直刚烈，直言不讳；至于真宗，则是喜欢附庸风雅，但也宽宏大量。

宋真宗写了诗，不光很喜欢让别人看，还常常让大臣们应和，其中让资政殿和龙图阁的学士应和的情况尤多。如果是在宴会上，往往就让所有与会者各应和一首。有时他还让不在场的人应和，即派人把自己的诗通过驿站递送给某人，让此人将应和的诗再通过驿站递回京城。这一浪漫的举动可见他对诗歌的热忱，也可见诗歌的力量。到宋真宗晚年的时候，他让龙图阁待制李虚己把臣下应和的诗编辑起来。竟有500卷之多，被命名为《明良集》。

丁谓是宋真宗重要的诗友之一，他在历史上的名声很不好，是有名的奸臣。不过此人又是一个大才子，他读书过目不忘。当时文坛第一大家王禹偁说丁谓的文章是唐代的韩愈和柳宗元之后200年来最好的，他的文学才情为其谋得晋身之阶提供了很大的便利。而且他极为能干，工程管理很拿手。只是这人人品实在糟糕，"溜须拍马"的成语就是源自于他。后来他位极人臣，干了不少坏事。

宋真宗常在太清楼举行酒宴，一次君臣喝酒赋诗闲谈。兴致正高，宋真宗忽然问："以前总喝宫内酒，朕想换换口味，你们说市上的酒哪家的最好？"有宦官答："听说南仁和酒店的酒最好。"宋真宗说："马上叫人去买来。"不一会酒买来了，众人都称赞酒好，宋真宗问："这酒价钱怎样？"宦官告知之后，他接着又问："爱卿们谁知道唐朝酒的价钱如何？"唐朝酒价从何说起，所以这一问把众人都难住了，只有聪明的丁谓回答道："唐朝酒每升30文钱。"宋真宗问："爱卿有什么根据？"丁谓答："臣记得杜甫诗中说：'速须相聚饮一斗，恰有三百青铜钱'，这不是一升30文吗！"宋真宗很高兴，说："杜甫的作品真是诗史啊！"丁谓的文才给真宗留下了深刻的印象。

还有一次，宋真宗与贵妃一起赏花钓鱼。钓了半天一条鱼也没钓到，心里很不高兴。皱着眉头，一言不发。大臣们不知如何是好，丁谓笑盈盈地跑上去赋诗道："莺惊凤辇穿花去，鱼畏龙颜上钩迟。"宋真宗见他如此聪明，顿时十分开心。赏咏再三，对他的印象更好了。

宋真宗的诗酒生活十分丰富，通过这种方式他和那些文人打成一片。有一回宋真宗把丁谓和李宗谔召来赴宴，李宗谔跟真宗的关系就跟他老爹李昉跟太宗的关系一样亲密。宋真宗即席赋诗赐给二人，然后亲自劝酒。几巡过后，李宗谔怕酒后失态，坚决推辞不肯再喝。宋真宗让宦官就着李宗谔耳边传话说："不喝就不喝，在这里不必从大门底下溜走啊。"

原来，这"从大门底下溜走"是当时文人间流行的一个笑话。当初寇准做宰相时，喜欢在自家召集翰林学士及知制诰等文官举行酒宴。寇准是个很有个性的人，往往说一不二。喝得多了，邪劲也就上来了。就把自家大门一锁，强迫与会者通宵畅饮且不醉不休。李宗谔一次赴宴，被关在里面。他急于回家，就从寇准家的大门底下的空隙爬了出去。从此成为人们酒宴上的话柄，想不到今天宋真宗也以此跟李宗谔开了个玩笑。

宋真宗于是对李宗谔说："听说你治家有方，长幼和睦，家业兴旺。其实朕治国也如同你治家一样，也要使上下和睦且国家兴盛。"宋真宗又说："爱卿父子二人都做过翰林学士，相必知道许多翰林院中前贤许多雅事，将来给朕讲讲。"李宗谔于次日将早先写的《翰林杂记》献给了宋真宗。

宋真宗的时候还编了一部伟大的著作——《册府元龟》，这和他父亲太宗编的3部大书一起成为宋初4大书。这部书的原名叫做《历代名臣事迹》，王钦若领衔主编，著名的诗人杨亿、钱惟演和刘筠等参加编纂。

这部书一共编了8年，这些诗人们在这漫长的岁月里免不了要写诗唱和。由于他们编书是在皇家图书馆——秘阁中进行的，于是根据《山海经》中昆仑之西群玉之山是为帝王藏书府的传说，将这部诗集题作

《西昆酬唱集》，他们的诗歌后来就成了诗歌史上有名的"西昆体"。杨亿和刘筠的诗歌在当时影响极大，以至后来人有"杨刘诗风，耸动天下"的说法。

澶渊之盟，天书封祀

话说景德4年，也就是公元1004年。在真宗朝前期发挥主导作用的圣相李沆去世，毕士安和寇准拜相。

这年9月的时候，辽国的承天太后和辽圣宗率20万大军南下。承天太后再一次展示出女中豪杰的风范，这位曾经让宋太宗痛苦后半生的女人此刻依旧精力旺盛，雄心勃勃。而她任用的主帅萧挞凛也是一名有勇有谋的战将，十分强悍。

辽军来势汹汹，承天太后亲擂战鼓，指挥攻城。她极有谋略，采用迂回穿插的战术，直驱开封。威逼宋廷，濒临澶州城下。

北宋朝廷一片慌乱，宋真宗虽说是个男人，可是跟萧太后相比，只能说是比女人还女人。他此刻手足无措，奸臣王钦若是江南人。他主张到南京去躲一躲，四川人陈尧叟建议到成都避一避。

真宗问寇准意见。

寇准厉声道："这是谁出的计策？请皇上用这些献策之人的头来祭旗，然后御驾亲征。倘若如此，我大宋君臣一心，契丹一定望风而逃。"

最后在寇准的鼓励下，宋真宗勉强到了澶州城，登上城楼。宋军将士远远望见皇帝的御伞黄盖，高呼万岁。欢声雷动，士气大振。

寇准在北城应敌，宋真宗在南城休息。

不过宋真宗还是很害怕，他派人去查看寇准的动静。寇准此刻大有东晋王导之风，和大诗人杨亿通宵达旦的饮酒戏谑。宋真宗一看这幅情景，才放下心来。

而此时契丹主帅萧挞凛因为身先士卒地查看地形，被宋军射死，辽军军魂顿失。承天太后大哭一场，停朝五日，然后就与宋朝议和。

议和对承天太后来说是被逼无奈，而宋真宗在形势大好的情况下，依旧是大喜过望。寇准说议和要让契丹交出燕云，真宗说只要不割地就行了，出点钱是可以的。

真宗对谈判大使曹利用说："必不得已，百万可矣。"

真宗要议和，寇准也没办法，他私下对曹利用说："虽说有圣旨，但是超过30万，我就要你的脑袋。"

最后双方约定，契丹与宋约为兄弟之国。宋每年给辽银10万两，绢20万匹。

当曹利用回去报告的时候，宋真宗正在吃饭，派宦官问数目。曹利用伸出3个手指，宦官以为是300万。宋真宗一听说太多了，想了想又说能了结此事，也还可以。一会曹利用来报告说是30万的时候，他再次大喜过望。

宋真宗高兴地批准了合约，乐颠颠地回去了。

澶渊之盟保障了宋与辽之间百年和平的局面，为宋代文治的发展创造了良好的氛围，宰相寇准发挥了最大的作用。

后来王安石在一首诗中写道：

天发一矢胡无酋，河冰亦破沙水流。

欢盟从此至今日，丞相莱公功第一。

莱公就是指寇准，他后来被封莱国公。

寇准功劳最大，真宗还朝之后对他尊敬有加，可是没过多久就受到奸臣王钦若的攻击。

王钦若这个人长得就特别猥琐，史书上说他的相貌有这样八个字："状貌短小，项有赘疣。"就是说他个头不高，脖子上有个肉瘤。所以当时人称他为"瘿相"，"瘿"就是肉瘤的意思。

不光是长得猥琐，王钦若行为做事更是猥琐。一天真宗目送寇准退朝，王钦若说："陛下以为寇准是社稷之臣吗？"真宗说："那当然啊。"王钦若说："寇准让皇上蒙耻啊，澶渊之盟是城下之盟，这是皇上的耻辱啊。"真宗有些不高兴了。

王钦若接着说："赌徒输钱输到快要光了的时候会把最后的那些钱全部押上，这就叫'孤注一掷'，皇上就是寇准的孤注啊。"

想想堂堂皇帝被人当做赌注，心理岂能容忍？从此以后真宗渐渐对寇准疏远了。觉得自己遭受奇耻大辱，脸面无光，想做一些事情挽回一下脸面。

王钦若又出主意了。他假惺惺地劝说真宗北伐，夺取燕云。真宗本来就有极其严重的恐辽症，岂敢答应？

王钦若说那就不如封禅吧，一封禅那就四海归心，天下太平。真宗一想觉得这是好办法，决定搞一场轰轰烈烈的封禅活动。其实封禅本来就是迷信活动，所谓"神道设教"。说起来冠冕堂皇，其实都是一些真宗自己都不信的鬼把戏。

1008年的正月初三，宋真宗说他做了一个梦。梦中去年有神人告诉他，有《大中祥符》天书三卷降临。今年果然皇城司报告说有天书降临在承天门，然后宋真宗带领群臣到承天门去接收天书。

真宗跪受天书，天书上写着：

> 赵受命，兴于宋，付于恒。居其器，守于正。世七百，
> 九九定。

真宗于是改当年年号为大中祥符，并实行大赦。给全国公务员涨工资，京城放假5天，于是全国各地争进祥瑞。

封禅在历史上只有秦皇汉武、唐高宗和唐玄宗搞过，其条件就是要

帝王贤明、天下太平，以及天降福瑞，而当时真宗的条件并不具备。但是在真宗示意下，宰相王旦率百官及社会各界代表请求皇帝到泰山封禅。真宗又问三司使丁谓经费如何，丁谓说大计有余。真宗放心了，决定大搞一场。

这年10月，真宗率领百官浩浩荡荡到了泰山，在山上完成了繁琐的封禅礼仪。为了表示自己的虔诚，真宗吃了近一个月的素，然后他表扬宰相王旦等人跟着他吃了一个月的素。王旦等人称谢，只有那个为人正直的马知节对真宗说："只有皇上您一人吃素罢了，我们在路上经常偷着吃肉。"真宗问王旦："说的都是真的吗？"王旦说："确如马知节所言。"

封禅之后，到了大中祥符4年，真宗又到山西汾阴去祭祀后土，就是土地神。5年的时候又说圣祖赵玄朗出现，要授予天书，真宗又为这位造出来的圣祖修建了宏伟的宫观来供奉。

如此之类的活动还有很多，当时举国若狂且如痴如醉。

东封西祀这些玩意儿，宋真宗是主角；王钦若是主要导演；丁谓、林特、陈彭年和刘承珪等人是副导演兼策划师。这些活动耗资巨大而无益于国计民生，所以王丁林陈刘这五人被称为"五鬼"。

宰相王旦是在被真宗"贿赂"之后，不得不掺和进去。当时他被召到宫中赴宴，宴席完了之后，真宗给他一个坛子，说是一坛好酒。谁知王旦拿回家一看，竟然是一坛子价值连城的上好珍珠。所谓"吃人嘴软，拿人手短"，到了真宗搞天书封禅的时候，他只好缄口不言。他在病危的时候说："我在朝20年，没有什么大错。但是对天书这么荒诞的事情没有劝谏，是我无法弥补的过错。我死后把我按僧人的规矩安葬，以减轻我的罪过。"

而真宗皇帝呢，自欺欺人。老死未悔，为天下笑。不过历史学家邓小南教授的看法值得我们思索：

在北宋前期的历史上，真宗朝是一个转折的阶段。开国时期的许多措置，在此时大体定型。新制度的轮廓，已经基本清晰地呈现出来。在这一阶段中，大轰大嗡的是天书符瑞及东封西祀等惹眼事件。而从长远来看，在历史学者的视野中凸显的则是国家权力的进一步整合、王朝政策走势的明朗化，以及日渐成熟的文官政治体制。

尊孔崇儒，完善科举

宋真宗搞天书封禅，都是道教的那一套玩意儿，所以他是一个道教色彩很浓的一个皇帝。不过，他在尊孔崇儒方面较之前人，那也是有过之而无不及。

刚登上皇位没有多久，宋真宗就封孔子的第45代孙孔延世为曲阜县令。袭封文宣公，还赐给他《九经》及宋太宗的一些遗物；同时还下令说，本州的官员也就是孔延世的上级不能把孔延世当做下属对待，而要像客人那样对待。

宋真宗在东封泰山的时候，还亲自到曲阜去祭孔，举行了非常隆重的典礼。宋真宗本来想尊孔子为帝，但是有人提出，孔子自认为是周朝的臣民。周朝最高的是王，如周文王和周武王等。如果尊孔子为帝，封号就超过了周文王和周武王，这似乎不太合适，于是宋真宗就尊孔子为玄圣文宣王。不过前面说了那位从天而降的圣祖叫做"赵玄朗"，为了避讳，所以后来改"玄"为"至"。这同以前历代相比，仍然是最高的封号。宋真宗还亲自写了《玄圣文宣王赞》，令人刻了碑，立在孔庙和国子监。

宋真宗不但给孔子上尊号，对孔子的弟子们也给予加封。他封颜回为国公，封费侯闵损等9人为郡公，成伯曾参等62人为侯。还命令大臣们分别为这些人写了《赞》，不久又封左丘明等19位先儒为伯。

大中祥符3年（1010年），宋真宗下令颁布《释奠玄圣文宣王庙仪注》和《祭器图》，要求各地依照其中规定定期举行祭孔仪式。天禧5年（1019年），宋真宗下令国子监将自己写的《至圣文宣王赞》和诸大臣写的十哲和七十二贤赞刻板印行。

大中祥符5年（1012年），宋真宗曾对龙图阁直学士陈彭年说：

> 儒术污隆，其应实大。国家崇替，何莫由斯。故秦衰则经籍道息，汉盛则学校兴行。其后命历迭改，而风教一揆。有唐文物最盛，朱梁而下，王风寝微。太祖和太宗丕变弊俗，崇尚斯文。朕获绍先业，谨导圣训。礼乐交举，儒术化成，实二后垂裕之所致也。又君之难，由乎听受；臣之不易，在乎忠直。其君以宽大接下，臣以诚明奉上，君臣之心皆归于正。直道而行，至公相遇，此天下之达理。先王之成宪，犹指诸掌，孰谓难哉！

后来他又把他的这些想法，撰成《崇儒术论》和《为君难为臣不易论》赐给大臣们，表明他以儒治国和虚心纳谏的基本态度。

在尊孔崇儒的同时，宋真宗对科举更加重视，许多重要制度都是在这一时期制定的。宋太宗末年，科举暂停了5年。宋真宗即位后转年的正月，他就下令举行科举。并任命他的潜邸旧臣，即时任翰林学士的杨砺主持此事。宋真宗召见杨砺时嘱咐他说："主持科举是重要的任务，爱卿一定要选擢寒俊，精求实艺，以不辜负朕的期望。"这是真宗时代科举的基本精神。宋真宗做过一首《劝学诗》，这是他最为出名的一首诗，全文如下：

> 富家不用买良田，书中自有千钟粟。

安房不用架高梁，书中自有黄金屋。

娶妻莫恨无良媒，书中有女颜如玉。

出门莫恨无随人，书中车马多如簇。

男儿欲遂平生志，六经勤向窗前读。

这首诗非常明确地表示知识就是财富，读书可以做官。要想人生成功，就要寒窗苦读。书中有黄金玉带，书中有香车美女。这首极具诱惑力的诗歌一直为后来人所传唱，并非因为这首诗多有文采且多有内涵，而是因为这是古往今来写得最好的读书宣传广告词。这还真不是什么假广告，而是实实在在的事情。司马光曾经在诗中写道："一朝云路果然登，姓名高等呼先辈。室中若未结姻亲，自有佳人求匹配。"这就是对金榜题名之后好处的描绘。

景德2年（1005年），也就是"澶渊之盟"后的第2年。为了收拢河北士子，以求巩固边防，在按照科举常例取进士及诸科1 003人以外，又为河北举人举行专门的省试和殿试。取正奏名进士146人及诸科698人。特奏名进士205人、诸科，以及瀛洲防城举人997人，共计2 046人，此榜总共取士3 049人。在1 300年科举史上空前绝后，堪称壮观。

景德4年（1007年），宋真宗下令将以"杜绝私请，搜扬寒秀"为中心内容的诏书在贡院张贴。大中祥符8年（1015年），宋真宗看到各州选送参加科考的人数比往年少了一些，就说："地方官员没有体会朕的意思，朕是要他们认真挑选，不是要他们少送。如果能够精择寒俊，多一些也没关系。"后来在考试成绩出来时，他先问大臣："有没有你们熟悉的官员子弟？"当人们说没有，称赞这是一次"搜求寒俊"的考试时，他非常高兴。

他希望通过科举考试来抑制权贵之家的膨胀，他曾经下令每次科举考试的省试后殿试前，贡院要把权要亲族者的名单报告给他。后来他又下令，大臣们发现"有以简札贡举人姓名嘱请者"，应当秘密上报，知情不报则予以处罚。现任官员也参加考试，叫做"锁厅试"。倘若锁厅试不合格，就要定为私罪。罚铜十斤，并且永远不准再应举。

为了保障科举考试的公平，宋真宗在省试中采用糊名法。这样考官就无法看到考生的姓名，这一方法在今天的高考中依然使用。不过，糊名之后还是有个问题，那就是阅卷老师可以通过字迹来辨别考生。这样还是会有不公平的地方，于是宋真宗进一步改进，采用了誊录法。

宋真宗在景德4年颁布了《亲试进士条例》，规定试卷收上来之后，先交给编排官。去掉卷首乡贯状，并加上字号交弥封官誊抄并校勘，加盖官印后再交考官评判。大中祥符8年（1015年），宋真宗下令设置誊录院。命令封弥官将考卷糊名后交誊录院，誊录院找人将考卷誊录。再命官员校正誊录的失误，另委派二名宦官监视誊录。誊录后加盖官印，再将考卷送回封弥官，转交考官评定成绩。

考官评定成绩也是有程序可依的，殿试的成绩分为五等，即学识优长且词理精绝为第一；才思该通且文理周密为第二；文理俱通为第三；文理中平为第四；文理疏浅为第五。考生的试卷一般要经过3位考官的评阅，即初考官、复考官和详定官。可见当时考试制度的严密和理性，欧阳修曾经感叹道："无情如造化，至公若权衡。"

也是在大中祥符8年，宋真宗亲自面试进士考试的前两名。见其中名叫"蔡齐"者仪状秀伟且举止端庄，就选定他为状元。宋真宗又听人讲蔡齐家境贫寒，对他更加欣赏。下令从皇家卫队，即金吾卫中选派7名骑兵，并派4人前面开道。簇拥蔡齐到街上游行示庆，将状元的荣耀推向了顶峰。

宋朝走到真宗这个时代，已经奠定了文治的基础，一个能够真正代表宋朝的大时代即将到来。

第二章
巨人的时代

一、经天纬地

先生之风，山高水长——大宋第一人范仲淹

说范仲淹是大宋第一人，并不是现代人的鼓吹，早在南宋的时候就有人说"本朝人物以仲淹为第一"。范仲淹何以能够获得如此高的声名？他对大宋帝国的文治伟业起着怎样的推动作用？

且先从范仲淹的家世说起，这绝对是一个令人感动的青年人奋斗的故事。

范仲淹祖籍陕西，生于江苏苏州。他的出身很苦，两岁的时候他的父亲就去世了。他的母亲带着他嫁给了一个姓朱的山东人家，他就有了一个叫做"朱说"的名字。朱家还比较有钱，但是为了磨砺自己的意志，他到附近的醴泉寺读书，在清贫的生活中始终坚持不懈地刻苦攻读。他每天煮上一锅粥，划为4块。早晚各取两块，加上点咸菜就是他的两餐饭，这就是"划粥割齑"的故事。

23岁的时候，一个很偶然的机会，他得知了自己的家世。原来这些年一直是寄人篱下，一种强烈的屈辱感涌上心头。他发誓要自立门户，于是他带着一把琴和一柄剑毅然决然地离开了山东。他的母亲流着泪派人追他，他说："10年，10年之后，等我中第，我就回来接母亲。"这是一个志气男儿的誓言，相信当时他说这话的时候一定是目光坚毅地望着远方，望着他的未来。

他到了当时著名的高等学府——应天府书院，这个书院藏书丰富。并且老师都是硕学名儒，学生都是品学兼优。在这优越的环境中，范仲淹一刻也不浪费。凌晨舞一通剑，夜半和衣而眠，以这样的方式度过了自己人生最美好的书院生活。他曾在一首写给同窗好友晏殊的诗中说道：

> 白云无颖帝乡遥，汉苑谁人奏洞萧？
> 多难未应歌凤鸟，薄才犹可赋鹪鹩。
> 瓢思颜子心还乐，琴遇钟期恨即销。
> 但使斯文天未丧，涧松何必怨山苗。

大中祥符7年（1014年），对天书封禅之类活动极为痴迷的宋真宗率领百官到亳州去朝拜太清宫。浩浩荡荡的车马路过应天府书院所在的南京（今河南商丘），整个城市轰动了，人们争先恐后地跑出来看皇帝。唯独范仲淹一人闭门不出，仍然埋头读书。有个要好的同学特地跑来劝他："快去看，这是个千载难逢的机会，千万不要错过！"范仲淹淡定地说道："将来再见也不晚。"于是他头也不抬地继续读他的书。

果然就在第2年，范仲淹中了进士。见到了真宗皇帝，并参加了御赐宴席。他被任命为广德军的司理参军，接着又调任为集庆军节度推官。他把母亲接来赡养，并正式恢复了范姓，改名"仲淹"，字"希文"。他兑现了他的誓言，并从此开始了近40年的宦海生涯。

在范仲淹的政治生涯中，他建立了不朽的功绩。比如他在兴化县令任上修建海堤，被老百姓称为"范公堤"；他曾回到他的母校应天府书院主持校务，聘请有名学者讲课收徒，培育了大批优秀人才。不过最值得称道的还是他的西夏战功和庆历新政。

党项族原本臣属于宋，后来李元昊建立西夏国，侵扰宋朝边地。百姓受苦，朝廷烦忧。在此情况下，范仲淹被调到边地任陕西经略安抚招讨副使，和名臣韩琦一起与西夏开展苦战。范仲淹主张防御，而韩琦主张进攻。朝廷一开始接受了韩琦意见，尽管事实不久就证明防御比进攻更有效。但范仲淹却毫无芥蒂，与韩琦不但交厚，而且言深。后来在范仲淹正确的军事策略下，韩范二人同心协力，坚持持久战。号令严明，爱抚士卒，对边境的羌人部落坦诚相待并恩威并用。士卒用命，羌人感畏，边境渐安。当时边地居民歌唱道：

> 军中有一韩，西贼闻之心胆寒！
> 军中有一范，西贼闻之惊破胆！

也就是在这个时候，范仲淹创作了流传千古的词作《渔家傲》：

> 塞下秋来风景异，衡阳雁去无留意。四面边声连角起，
> 千嶂里，长烟落日孤城闭。
> 浊酒一杯家万里，燕然未勒归无计。羌管悠悠霜满地，
> 人不寐，将军白发征夫泪。

李元昊见宋朝边境无隙可乘，国内又发生了严重的天灾，就于庆历3年（1043年）派使者到宋朝讲和。西事大定，范仲淹被召入朝任枢密

副使，很快又调任参知政事。他在就职之后的第2个月，上了著名的万言书——《答手诏条陈十事》，其中提出10项主张：

（一）明黜陟（二）抑侥幸（三）精贡举（四）择长官
（五）均公田
（六）厚农桑（七）修武备（八）推恩信（九）重命令
（十）减徭役

并且指出当时纲纪制度日削月侵的严重形势，而"穷则变，变则通，通则久"，所以希望能够更张救国，再振纲纪。

宋仁宗看到上书以后很感动，和其他几位朝廷大臣商量之后，主张推行变法。于是轰轰烈烈的庆历新政就在范仲淹的领导下开展了，其核心是吏治改革。在改革过程中很多机构得到精简，权势之家的子弟受到限制，取得了很大的成效。范仲淹的决心非常坚定，对于那些不称职的官员他一笔划去，毫不留情。富弼也是庆历新政的重要推动者，看到这种情景，有些于心不忍，他便从旁劝谕："你这大笔一勾，可就有一家人要哭！"范仲淹回答说："一家人哭，总要比几个州县的人哭好些！"

不过，仅仅进行了一年，仁宗对新政就失去了热情。他下诏废止改革，范仲淹和富弼都被撤去军政要职，庆历新政失败了。

然而范仲淹的精神却激励着后来人，变革成为当时有识之士的共同主张。在宋代士大夫精神发展史上，范仲淹是第一功臣。宋代是士大夫自觉意识最高涨的时代，一种崭新的政治面貌已经浮现在儒家群体之中。如果要说宋儒气象，那就是由范仲淹以身作则开创出来的一种精神气象。

他通过自己的刻苦勤奋获得功名，重视名节，体现出一种刚毅坚卓的奋斗精神。他始终坚持"做官公罪不可无，私罪不可有"，以及"儒者报国，以言为先"。他在《灵乌赋》中说"宁鸣而死，不默而生"，表达了"不自由，毋宁死"的精神。他在庆历6年（1046）于花洲书院所做的《岳阳楼记》里所说的"不以物喜，不以己悲；居庙堂之高，则忧其民；处江湖之远，则忧其君。是进亦忧，退亦忧。然则何时而乐耶？其必曰：先天下之忧而忧，后天下之乐而乐"，表达出以天下为己任的人格境界，更是令人高山仰止。

南宋大儒朱熹说"本朝为范文正公振作士大夫之功为多"（文正是范仲淹的谥号）。作为一种人格典范，他对后人影响深远，完全当得起他在《严先生祠堂记》里所推崇的"云山苍苍，江水泱泱。先生之风，山高水长"。他是大宋士大夫的第一典范，是大宋王朝的第一象征，所以明朝思想家李贽说"宋亡，范公不亡也"。

社稷之臣，威重八方——北宋三名臣韩琦、富弼和文彦博

北宋著名学者邵伯温曾经盛赞仁宗朝盛治局面，他说："盖帝知为治之要，任宰辅，用台谏。畏天爱民，守祖宗法度。时宰辅曰富弼、韩琦和文彦博，台谏曰唐介、包拯、司马光、范镇、吕诲云。呜呼，视周之成、康，汉之文、景，无所不及，有过之者，此所以为有宋之盛欤？"

宰辅身系天下之治乱，韩琦、富弼和文彦博这3人均是北宋中期著名宰相。3人并举，皆名重一时。功垂万世，堪称社稷之臣。这3人的年龄差不多，富弼生于1004年，文彦博生于1006年，文彦博生于1008年。从年龄上差不多是3兄弟的样子。韩琦是河南安阳人，富弼是河南洛阳人，文彦博是山西人。

韩琦和文彦博均于天圣5年（1027年）中进士，富弼天圣8年（1030）中进士。韩琦去世最早，68岁去世；富弼活到了80岁；而文彦博最是一个老寿星，一直活到90多岁。

这3人中韩琦最有胆识，富弼最有气节，文彦博最有威望。

韩琦成名最早，在与范仲淹一起负责对西夏用兵的时候，他就获得

了与范仲淹齐名的声望。当时的人就以"韩范"并称,而范仲淹比他大10多岁,不过他最大的声望是处理皇位继承问题上表现出来的果断与坚强。

在家庭生活上,仁宗皇帝是很不幸的。他的3个亲生儿子连着夭折了,不得已只得把侄子赵宗实养在宫中,但是又寄希望于自己能再生个儿子。53岁的时候,仁宗突然发病驾崩。而半年之前赵宗实已经被立为皇子,改名叫"赵曙",仁宗的曹皇后急忙召韩琦入宫。

韩琦一到宫中,就请曹皇后宣赵曙即位。赵曙到了宫中竟然吓得转身就跑,口中直喊"我不敢做,我不敢做"。韩琦等人把他抱住,把黄袍给他穿上,然后叫来翰林学士王珪写遗诏。王珪惊恐万分,不知如何下笔。韩琦说我说你写,于是才将遗诏写好。第2天早朝,韩琦宣布遗诏。新皇登基,就是宋英宗。

英宗登基后,曹皇后成了曹太后,由她来垂帘听政。但是英宗有病,帝后关系很紧张,韩琦从中调解,使得帝后关系得以缓和,朝政得以安宁。

太后听政一年有余,没有还政的意思。这种情况比较危险,因为处理不好就是女主干政,这在儒家士大夫看来是绝对要不得的。韩琦于是请太后归政,当时他连连追问:"台谏大臣请太后撤帘,不知道定在哪一天?"太后觉得很不是滋味,起身就走,韩琦大声宣布仪鸾司撤帘。

帘落之时,还能看到太后的衣裙在屏风的一角。不过事已至此,大局已定,太后也无可奈何。

英宗的身体很差,登基3年后就病得很严重。在病榻上处理国事,韩琦关照英宗长子颖王赵顼朝夕不离皇帝。

这年12月的时候,英宗病情加剧。不会说话,只会用笔写。韩琦把纸笔给他让他立太子,英宗在纸上写"立大王为皇太子"。韩琦看了说:"一定是颖王,请皇上写明白。"英宗又加上"颖王顼"3个字,赵顼被正式确立为皇太子。

15天之后，英宗就驾崩了。韩琦急忙召太子前来即位，太子尚未到。突然英宗手动了一下，另一大臣提醒韩琦想暂止召太子，韩琦说："先帝复生，乃太上皇。"一语定乾坤。于是赵顼顺利即位，就是宋神宗，从而完成帝位的顺利交接。

韩琦相三朝，立二帝，号称"贤相"。欧阳修称其临大事，决大议，不动声色，称得上是社稷之臣。

富弼也是能臣，他在处理外交关系上很有一手，是有名的外交能臣。

澶渊之盟以后，辽宋双方保持了近40年的和平局面。但由于宋夏之战，西边战事吃紧，北部边防空虚。于是契丹决定趁火打劫，以武力相要挟。于庆历2年（1042年）正月，派使者前往宋朝"索地"。当时大兵压境，宋廷上下一片惊惶失措。举朝大臣以前途莫测，怕出意外，不敢应命。宰相吕夷简和富弼有私怨，乘机向仁宗推荐富弼。当此危难之际，年届不惑的富弼挺身接受举荐，慷慨奔赴国难。他被任命为接伴使，向仁宗辞行说："主忧臣辱，臣不敢爱其死！"

富弼到契丹，辽兴宗接见了他，双方展开了一场唇枪舌剑。

富弼说："两朝和好达40年，突然要割地，为什么？"

兴宗说："你们南朝违约，大搞军事建设，用意何在？群臣都请求用兵，而寡人以为不如遣使求关南地。求而不得，举兵未晚！"

富弼说："北朝忘了真宗皇帝的恩德了吗？澶渊之战，要是听将军们的话，你们一个兵都别想活。两国和好，皇帝获利，臣下无所获；若用兵，臣下获利，皇上遭殃。北朝的大臣们争劝用兵，这全是为自己打算，而非为国家着想。"

辽兴宗也觉得很有道理，不好反驳，于是他又说："寡人想得到的只是祖宗的故地罢了。"

富弼说："祖宗故地，这都哪朝的事了？宋朝兴起已有90年了。若宋朝也想求前朝旧地，恐怕对你们没有好处吧？"

辽兴宗一时无言以对。

眼人一看就知道是在说王安石。

王安石的有些行为实在让人难以理解，宋仁宗的时候，皇帝请群臣钓鱼。王安石坐在那里心不在焉，竟然将一盘鱼饵都吃光了。宋仁宗就很不喜欢他，他说这人肯定是个伪君子。一个人误食一次鱼饵也就罢了，把一盘子鱼饵都吃光了，那只能说明他是在作秀。

其实，这未必就是王安石作秀。王安石做了宰相之后，他的夫人听到有人说王安石喜欢吃獐的胸脯肉。觉得很奇怪，她说："大人平时吃饭不挑食，怎么会单单有这个嗜好呢？"她又问下人獐肉放在餐桌的哪个位置，下人说在靠近大人筷子的地方。夫人一听就明白了，她说："明天你把别的菜放在这个位置看看。"结果，第2天王安石把放在这个位置的菜吃光了，而獐肉一筷子都没动。原来王安石对吃根本没有什么讲究，他只吃筷子最近的东西。而他的脑子里想的都是其他事情。吃光鱼饵也就不足为奇了。

王安石的偏执让他容不下别人，须知宰相肚里要能撑船，而王安石肚子里撑个水桶也是不可能的。晏殊很赏识他，推心置腹地对他说："咱们都是江西老乡，送给你八个字：'能容于物，物亦容矣。'"王安石回到客舍，颇为不屑，说道："晏殊是大臣，竟说这么没水准的话。"此后一直看不起晏殊，讥笑他说："为丞相而喜填小词，能把国家治好吗？"

熙宁2年（1069年）正月他一跃成为炙手可热的参知政事，次年升任宰相主持变法。顺我者昌，逆我者亡，他把提携他的老一辈富弼、欧阳修，以及同事司马光和苏轼等统统赶出了京城。然后用的那些人大部分是些居心叵测的小人，而他自己后来也被这些小人给赶回家去了。

自古以来才情太高的人总是有着独特的个性，而一旦成了政治场上的人物，这些个性往往会成为致命伤，这是王安石的悲剧所在。

二、光风霁月

道学先生的真实面目

当我们利用百度搜索键入关键词"道学虚伪"的时候，可以找到相关网页600 000篇；检索"真道学"可以找到29 000篇；而搜索"假道学"可以找到748 000篇。这几个数字很明白地说明了这样一个问题，即在人们的心目中，道学总是以虚伪的面目出现，在一定程度上讲道学是虚伪的代名词。真道学是存在的，但是数量很少。而假道学很多，他们披着道学的外衣，干着罪恶的勾当。即所谓"道貌岸然"，所谓"满口仁义道德，满肚子男盗女娼"。

但当我们回到宋朝，品味道学家的生活和思想时，我们会看到一个个道德高尚且思想深邃的大师。他的人品绝对是一流，他的言行也堪称士人的楷模。

周敦颐是道学的开山祖，他是一个有着仙风道骨的人物。他的父亲在他很小的时候就去世了，母亲就带着他投奔当官的舅舅。周敦颐聪明孝顺，舅舅很喜欢他。舅舅是一个喜欢莲花的人，种了很多莲花，周敦颐常常在莲花池边读书悟道。后来他任知南康军的时候也种了很多莲花，他经常漫步池畔。于是就有了名文《爱莲说》，一句"出淤泥而不染，濯清涟而不妖"成为千古名句。

周敦颐为人很正直，在任南安司理参军的时候要为一个冤案平反，和他的上司据理力争。上司不理他，他将手板放下，要辞官而去。他说："这样官还做得吗？通过杀人而取媚于人，我是做不到的。"上司最后被他感悟，把那个被冤枉的囚犯给放了，这种"不唯上，只唯道"的精神就是道学家的真精神。

周敦颐是一个深沉的自然主义者，他窗户前的草从来不准剪掉。别人问他为什么，他说"这与自家意思一般"。原来他是从中感受到生命与自然之间的冥契，这大概就是古人常说的天人合一吧。这种情怀放在现在环境危机的时代背景下，是很有利于环境保护事业的。

大诗人黄庭坚这样形容周敦颐：

> 胸怀洒落如光风霁月。
> 廉于取名而锐于求志，
> 薄于徼福而厚于得民，
> 菲于奉身而燕及茕嫠，
> 陋于希世而尚友千古。

将周敦颐的人品极为称赞，可见其感召力。

周敦颐在当时并不是很出名，不过他有两个很有名的学生，那就是二程兄弟。二程虽说是同胞兄弟，也是志同道合，但是性格、思想与人生经历差别很大。

哥哥程颢25岁的时候就中了进士，长期担任地方官，为老百姓做了很多好事。比如他在当晋城县县令的时候遇着一件事，有一个姓张的有钱人。父亲刚刚去世不久，来了个老头到他家门前自称是他爸爸。这位张先生一听哪有这事，两人争吵起来闹到官府。程颢问那老头儿说你有啥证据，那老头从怀中掏出一本古旧的方书，其中写着"某年某月某日，某人抱儿给了张三翁"。程颢问张先生，你今年多少岁？张先生说36岁。又问你爸爸去世的时候多少岁？张先生答76岁。程颢便对那老头说他方才说的岁数是可以查证的，肯定不会撒谎。他出生的时候爸爸40岁，怎么会被人叫做"张三翁"？你那方书肯定是假的。那老头一听无话可说，只能认罪了。程颢为官多年，政绩还是很不错的。

程颢在性格上很温和，他的学生说跟了老师30年从来就没见到老师发过火。还有一个学生离开程颢之后别人问他你从哪里来的，他说我在春风和气中坐了3个月之后来的，这就是后来的成语"如沐春风"或"如坐春风"的来历。他的诗歌也写得温柔敦厚，颇能显示道学家的那种心境：

> 云淡风轻近午天，傍花随柳过前川。
> 时人不识余心乐，将谓偷闲学少年。

弟弟程颐的人生经历和性格志趣就显得很不一样。

他参加过一个科举考试，结果名落孙山就不再参加考试了。不过他很有一股勇气，在18岁的时候，以一介布衣的身份给仁宗皇帝上了一封万言书。其中指陈朝政的问题，跟仁宗皇帝说我就是你的诸葛亮，用我的话就能实现三代美政。勇气固然可嘉，不过皇帝肯定不会理他。

他潜心钻研学问，教了很多学生。到他已经老了的时候，以布衣的身份被招到朝廷担任崇政殿说书，从一介布衣成了帝王师。这种传奇的经历和至高的荣耀，在中国历史上是少有的。

不过他的荣耀并没有坚持多久，他给那位小皇帝上课的时候，坚持要在皇帝面前坐着讲。满朝哗然，认为有失体统，没办法最后他只能站着讲。皇帝年纪小，对天地万物充满好奇。有一回从外面折了根柳条拿在手里玩，被程颐看到了。于是程颐板起面孔来，说："春天万物方生，不可无故摧折。"那小皇帝被他给训斥了，心里很是不爽，太后听说了也直皱眉头。后来有一回小皇帝生病了，不能去上朝。程颐就去跟宰相说，皇帝不能上朝，太后也不能单独上朝。这下让太后忍无可忍，谏官参了他一本。他就被送回老家去了，帝王师的生活就此结束了。

程颐在生活中是一个非常严厉的人，"程门立雪"是一个广为人知的故事。一般都认为是说程颐的弟子对老师的尊敬，人们对这个故事误解太多。这个故事说的是一天程颐的两个学生杨时和游酢去程颐那儿问学，有人说是程颐在睡觉，所以两个人立在门外。还形象地说雪花打在

他们脸上，他们也一动不动。其实这里的程门并非真的指有这样一扇门，两个人还站在门外。想想那时杨时已经是高官，程家的家人也不会让他们站在门外面啊。

真实的故事是那天杨时和游酢去拜访老师，而程颐正在"瞑坐"——一种类似于禅宗静坐的修身方式。于是两个人就在旁边陪侍，不敢离开。一会程颐醒了一看他俩人还在，就说你们回去休息吧，明天再来。等到他俩出门的时候，门外的雪已经有一尺深了。其实这个故事主要是说程颐是很严厉的一个人，弟子不敢轻易打扰他，后来人望文生义就成了一个尊师重道的故事。

程颐在晚年的时候，被新党送到长江上游的涪陵，宋徽宗即位的时候他得以回到洛阳。当时他是乘船沿江而下，在三峡一带风浪涌动。水流湍急，令人生畏。船上的其他人都是惊愕万分，有的不禁号哭。唯有程颐一人正襟危坐，岿然不动，可见他此时的精神气象。

二程兄弟一起创立了"天理"学说。程颢曾说过："吾学虽有所受，'天理'二字却是自家体贴出来。""理"因此成为二程哲学的核心，"宋明理学"也就从此得名。程颢特别强调"仁"，主张"学者须先识仁，仁者浑然与物同体"；程颐在修养上主"敬"，他说"涵养须用敬，进学则在致知"。

二程的学问都十分渊博，思想为当时人所折服。他们弟子众多，最终光大师门。到南宋成为最大的学派，影响深远。

民吾同胞，物吾与也

为天地立心，为生民立命。为往圣继绝学，为万世开太平。

这4句千百年来感动着无数仁人志士的豪言壮语就是出自北宋中期伟大的思想家张载张横渠先生。张载祖籍大梁（今河南开封），生于涪州（今四川涪陵）。但是自从父亲张迪在涪州任上病故之后，年幼的张载就和弟弟侨居在陕西凤翔郿县（今眉县）的横渠镇大振谷口，所以被称为"横渠先生"。

年幼丧父让张载很小就体尝到生活的艰辛，但是这并没有消磨掉他的意志，反而使他更加积极地面对生活。庆历4年宋与西夏议和，以金钱换取和平，这让年少气盛的张载很是愤慨。而他又喜欢谈兵，于是就给范仲淹上书。建议向西夏用兵，并联络一些义士准备去攻取被西夏占领的土地，颇有豪侠之风。范仲淹慧眼识英雄，一看便知是可造之材。将来必成大器，就跟他说："儒家自有名教，何事于兵！"就是要告诉他儒学中有比论兵更深刻的内涵。让他读《中庸》，鼓励他在儒学上钻研。

张载听从范仲淹的建议，读完了《中庸》，但是并不感到满足。于是他又去读佛家和道家的著作，发现这些著作也不能实现自己的伟大抱负。于是又回过头来读儒家经典，在六经上下工夫，终于体悟出儒家思想的真奥秘。

张载是二程兄弟的表叔，嘉祐初年张载到开封讲学，并和两兄弟讨论学术，他非常自信地说："吾道自足，何事旁求。"就是说儒家的道理已经能够独立支撑起我的人生与理想，不必再到佛道思想中寻找安身立命的东西。

嘉祐2年，张载中了进士，这一年他38岁，从此开始了自己的仕途。他在当云岩县令的时候，以教导乡民和改善风俗为己任。每个月都请乡里面那些德高望重的老人吃饭，亲自劝酒，让老百姓们知道敬老的道理；同时也访问民间疾苦，告诉他们如何训导子弟。县里面会下发很多文件，老百姓不闻不知，往往成了一纸空文。张载就把各地的乡长找来，把文件的意思跟他们解释得清清楚楚，再让他们回到乡里传达。他在路上遇到老百姓就问他们是否听到要传达的文件，如果不知道，他就再去找那些传达文件的人，于是他的政令往往能够家喻户晓。

后来他也到京城任职，宋神宗很赏识他。但是他对王安石推行的新

法颇有意见，于是就回到郿县的故乡。

在故乡的这段日子是他一生中最为美好的时光，他在诗中写道：

> 土床烟足紬衾暖，瓦斧泉乾豆粥新。
>
> 万事不思温饱外，漫然清世一闲人。

他还有一些比较可爱的诗歌，如"牧牛儿"：

> 牧牛儿，放牛莫放涧水西，涧水流急牛苦饥。
>
> 放牛莫放青草畔，牛卧得划儿异懒。
>
> 随牛莫着鞭，几年力做无荒田，
>
> 雨调风顺租税了，儿但放牛相对眠。

这种安然自得的乡间生活使得他可以安心著述并讲课授徒，他把"知礼成性，变化气质"作为教育宗旨，讲授《论语》、《孟子》、《周易》和《中庸》等经典。更为难得的是，他亲自带领学生恢复古礼和井田制。

井田制是周代的土地制度，把一块方方正正的田分成9块，中间的一块是公田；周围8块是私田。这样公私兼顾且公平，可以防止土地兼并。周代以后，井田制就成为一种理想中的制度。张载对这一制度十分痴迷，希望能够恢复。他把自己的主张上书给皇帝，还自己买了一块地，和学生们一块进行实践。按照《周礼》中的记载，划分公田和私田，试图在乡里推广。证明这一措施是可行的，也是有效的。不过还没有实施，他就逝世了。今天眉县的横渠乡崖下村北田间，仍然保留着两条笔直的田埂，传说就是当年张载实践井田制和兴修水利留下的遗迹。盛传的"眉县八景"之一"眉伯井田"就是渊源于此。

张载过去被称为"唯物主义思想家"，因为他主张太虚。即气，认为万物都是由气产生，最终复归于气。他区分天地之性和气质之性，主张要穷理尽心，变化气质。

张载最重要的著作是《正蒙》，成书于其逝世前一年。这是中国思想史上最重要的著作之一，当时及以后的一些关中学者把这部书看得与《论语》一样重要。其中最为人们所熟知的是《西铭》一篇，这篇在《正蒙》中的篇名是《定顽》。张载特别喜欢这一篇，将它抄写在学堂窗户的旁边。程颐对这一篇也十分推崇，将这一篇独立出来并取名为"西铭"，后来"西铭"这一名字为人们所熟知。这篇铭文虽然仅有250余字，但却为人们安身立命之道的确立构筑了一个共有的精神家园，而且为社会理想蓝图的构建提供了一个弘阔的境界。

《西铭》中有句话说"民吾同胞，物吾与也"，表现出爱一切人如同爱同胞手足一样，并进一步扩大到"视天下无一物非我"的博爱精神。而他对生死的态度也对后人深有启发，他说"存，吾顺事；没，吾宁也。"他把个体生命和大化流行的宇宙统一起来，展现出天人合一的人生境界。

张载是一个理想主义者，然而几乎和所有理想主义者一样，人生很难得到一个完满的结局。熙宁10年的时候，秦凤帅吕大防向宋神宗上奏，认为张载的学说发扬圣人流传下来的思想，其韬略可以复兴古法，请求皇帝将他召回重用。当时张载的肺病已经很严重了，但是为了自己的远大理想依然赴京，宋神宗让他担任同知太常的职务。正好当时有人建议复兴古礼，但是礼官是一个安于习惯的人，便以古今时代不同无法恢复的理由反驳。只有张载认为可行，并坚持自己的立场。后来在行礼的时候，张载觉得礼法混乱，不堪入目。但是没有人支持他的想法，他的病情更加严重了。就辞官回家，结果就在回乡的路上去世了。

张载去世的那天，只有一个外甥守在身边。而且囊中索然，无钱入殓。直到他在西安的学生赶来才买了棺材入殓，并将遗体运回家中，按照古礼将其安葬。

程颢写诗悼念他说：

叹息斯文约共修，如何夫子便长休！

东山无复苍生望，西土谁供后学求！

千古声名联棣萼，二年零落去山丘。

寝门恸哭知何限，岂独交亲念旧游！

安乐窝里的安乐先生

在北宋中期的大儒中，邵雍是别具风格的一位。国学大师钱穆认为邵雍的风格表现在4个方面，即刻苦力学、豪放不羁、虚心折节和旷达和怡。

年少时的邵雍雄心勃勃，慷慨激昂地希望能够干一番经天纬地的事业。但是也不是一个只说大话的人物，而是能够脚踏实地地读书。他常常是手不释卷，冬不炉，夏不扇。人们常说学海无涯苦作舟，可是邵雍根本不觉得读书有多苦，他说学习要是不感到快乐那简直就不是学习。所以钱穆说他刻苦力学也不完全准确，他是一个主张快乐学习的人。

他还特别讨厌死读书，用现在的话来说他主张素质教育。他把那些死记硬背的学问称之为"记问之学"，认为记问之学是不能够成就事业的。他想到古人尚友千古，而自己却没见过世面就很惭愧。于是离开家门，访问名山大川，结交四方英豪。游学数年，思想渐趋成熟，此时他还是一个少年。

30岁的时候，邵雍的母亲去世了。邵雍在家守丧，侍奉父亲，乡里人都称赞他的孝道。不过这一年对邵雍的一生至关重要，因为他遇到了一个奇人——李之才。这李之才是何许人也？原来他是道教大师陈抟的三传弟子，精通周易数术。当时他在此地当县令，听说邵雍志向远大且才华出众，便把他找来。邵雍为其学问折服，拜李之才为师。李之才先教他物理之学，再教他性命之学，并且将从陈抟那里秘传的《先天图》也传授与他。邵雍对老师毕恭毕敬，潜心向学。

邵雍跟随李之才学习的时候，那种勤奋劲真是让人感动。他的家境贫寒，没有钱买灯油。于是他就在做菜的时候不放油，用菜油点灯看书。在邵雍跟随李之才学习的第6年，李之才去世了。但是邵雍已经掌握了求学门径，从此开始了他独自钻研之路。他把自己的全部心思放在周易的研究上，3年时间里他没有在床上睡过觉。而是昼夜危坐，思索易学的奥妙。

在邵雍39岁那年他举家迁到了洛阳，洛阳是当时的学术中心。邵雍最先居住在天宫寺里，并在这设馆教学。由于他渊博的学识、深邃的思想和幽默的语言，以及和善的风格，所以很快就吸引了很多学子前来聆听他的教诲。其中不乏新科状元及达官贵人，他以一介布衣的身份名动四方。到了他52岁的时候，他的朋友们为其修建了安乐窝，从此他在安乐窝中度过了人生的后16年。

要说为邵雍建安乐窝的这些朋友，那来头可就大了。这安乐窝有地、有园，还有庄。那地契是属于司马光的，园契是富弼的，庄契是王拱辰的。这3个人都位列宰相，这个窝的级别确实是够高的。

安乐窝中的岁月是邵雍一生中最快乐的日子，有这么多达官贵人朋友，免不了推荐他去做官。朝廷也不断地下诏荐举隐逸，邵雍经常被推荐，但他都一一回绝了。他曾在一首谢绝朋友的诗中写道：

> 平生不做皱眉事，天下应无切齿人。
> 断送落花安用雨，装添旧物岂须春。
> 幸逢尧舜为真主，且放巢由作外臣。
> 六十病夫宜揣分，监司何用苦开陈。

其实安乐窝中的岁月那是神仙般的生活，他哪里会去那官场上受尔虞我诈钩心斗角的煎熬。安乐窝中有4件宝物最让他快乐，那就是著书、饮酒、焚香和吟诗。他在《安乐窝中四长吟》中写道：

安乐窝中快活人，闲来四物幸相亲。

一篇诗逸收花月，一部书严惊鬼神。

一炷香清冲宇泰，一罇酒美湛天真。

太平自庆何多也，唯愿君王寿万春。

"一编诗"指的是他的《击壤集》，"一部书"指的是《皇极经世》。他快活得实在是不得了，所谓"俯仰之间俱是乐，任他人道似神仙"。

不过他也不是老待在安乐窝中，他时不时地出出游。让人推着小车，每到一户人家，那家人必定是倒屣相迎。即便就是那些儿童奴婢都把他奉为上尊，家中的子弟都争相拿出酒具，问他想要什么。而且都对其极为尊敬，不称呼他的姓，只说"咱家先生来了"！

皇帝有宫殿，出门在外时有行宫；邵雍居家有安乐窝，出去了就有"行窝"。当时洛阳有12个大富豪，仿照安乐窝给邵雍建别墅，随时准备邵雍的驾临。邵雍到了行窝，和那家里人关系非常融洽。妯娌姑嫂及婢妾之间往往免不了有些矛盾，有时还闹得不可开交。邵雍一去他们就向其陈述，邵雍三言两语之间就把矛盾化解了。而且是人人欢心，于是美味佳肴都给他呈上来。邵雍在一家宴饮几天之后，再到下一家去排忧解难并宴会畅饮。邵雍自己有诗说：

喜醉岂无千日酒，惜冬还有四时花。

小车行处人欢喜，满洛城中都似家。

那么大的洛阳城，邵雍每到一地都会受到热烈的欢迎，其受追捧的程度恐怕不亚于今天的歌星影星。后来邵雍去世了，有人在诗中无限感叹道："春风秋月嬉游处，冷落行窝十二家"。可见邵雍的魅力，也可见当时的社会风尚。

邵雍最重要的著作是《皇极经世书》，他通过数字来把握宇宙的本质。他认为30年为一世，12世为一运，30运为一会，12会为一元。因此一元就是129 600年。但是元还不是宇宙的最大周期，还有元之元，就是129 600元。每满一元的时候，就是满了129 600年。旧的天地毁灭，新的天地产生。而满一个元之元的时候，宇宙会发生更大的变化。"穷则变，变则生，生而无穷"，宇宙就是这样无限变化的。

当邵雍病危的时候，他的老朋友们都去看他。作为一代哲人，他最后的言论值得我们去品味。

邵雍对司马光说："我要经历一次生命的转化了"。

司马光说："先生不至于此吧。"

邵雍说："生死不过一种平常的事罢了。"

张载问："先生相信推命吗？我为你推一次。"

邵雍说："要是说天命的话，我已经知道了；世俗所讲的命，我不知道。"

张载说："先生既然已知天命，还有什么可说呢。"

程颢说："先生到了现在这个样子，他人也是无能为力，希望先生自己主张一下身后的事情吧。"

邵雍说："我一生学道，怎么会不知道呢？不过也实在没什么主张。"

就在他去世的前一天，他用大字写了一首诗：

生于太平世，长于太平世。

老于太平世，死于太平世。

客问年几何，六十有七岁。

俯仰天地间，浩然无所愧。

邵雍死后，官方给予了追封和抚恤，并赐谥"康节"。而在民间，他的事迹流传越来越广，也越来越神，最后竟被描绘为一个有着超现实能力的大预言家。据说他的《梅花诗》预测了北宋之后1 000年的历史，这当然有点荒谬的成分在里面了。

不过邵雍留给人们最深刻的记忆还是他那"唐虞揖让三杯酒，汤武征诛一局棋"的胸襟眼界，上下古今，吞吐六合，唯有神仙一样的人物才能有这般气魄吧。

三、千秋文章

一代宗师欧阳修

紫案焚香暖吹轻，广庭春晓席群英。

无哗战士御枚勇，下笔春蚕食叶声。

乡里献贤先德行，朝廷列爵待公卿。

自惭衰病心神耗，赖有群公鉴裁精。

这是欧阳修在主持嘉祐2年（1057年）的科举考试的时候，看到考生们专心答题而写下的一首诗，题为《礼部贡院阅进士就试》。

这次考试不一般。

两宋300余年一共有118次科举考试，其中这是影响最为深远的一次。因为这一次考试，宋朝才得以成为宋朝。

之所以能够这样说，且看下面这个名单就可以知晓了：

文坛巨子：苏轼、苏辙、曾巩。唐宋八大家中宋朝有6位，这次考取的进士占了一半。

学术大师：洛学创始人程颢，关学创始人张载，蜀学创始人苏轼和苏辙。北宋四大学术流派（洛学、新学、关学和蜀学）的创始人通过这次考试崭露头角。

治国能臣：这一年的进士中后来位列宰执的有7人，变法派骨干吕惠卿、曾布、林希和蒋之奇开始登上历史舞台。

　　这场考试之所以能如此成功，其功劳首推主考官欧阳修，欧阳修是北宋文化史上继范仲淹之后的一位人物。

　　有道是一代文宗出孤寒，和范仲淹一样，欧阳修很小的时候就成了孤儿。母亲带着他投奔在随州任职的叔叔欧阳晔，他的母亲郑氏出生于大户人家，知书达理。以荻画地，教以识字，是他的启蒙老师。

　　欧阳修自幼酷爱读书，常从随州城南李家借书抄读。他天资聪颖，又刻苦勤奋。往往书不待抄完，已能成诵。少年习做诗赋文章，文笔老练，有如成人。其叔由此看到了家族振兴的希望，曾对欧阳修的母亲说："嫂无以家贫子幼为念，此奇儿也！不唯起家以大吾门，他日必定名重当世。"10岁时，欧阳修从李家得《昌黎先生文集》6卷，一下子就迷住了。手不释卷，跟唐朝的这位古文大家结下了不解之缘，不过他此时恐怕不会想到他日后会成为当代韩愈。

　　孟子说"天将降大任于斯人也，必先苦其心志，劳其筋骨"，范仲淹和欧阳修就是这样从苦寒环境中成长起来肩负历史重任的典型。那时的随州还很贫瘠，少有硕学名儒，欧阳修在随州的几次考试也很不理想。直到他离开随州才在科举道路上狂飙突进，并成为文坛的一匹黑马。天圣8年（1030年）的省试获得第一名的成绩，一时间名动京师。

　　然而他对当时的文风深表不满，当时最为流行的"太学体"以追求怪僻和新奇为目标。因此文章晦涩，断散拙鄙。欧阳修以改革文风为己任，希望通过科举来实现自己的愿望。

这一次科考，权同知贡举王珪、梅挚、韩绛和范镇都是与欧阳修志同道合的文坛名流，而点检试卷官梅尧臣更是欧阳修的亲密战友。梅尧臣是著名诗人，同时也是欧阳修文风改革运动的积极支持者。因此这次考试的考官在思想上达成共识，一次具有深远历史意义的文化革新运动就此展开。

有一个故事颇能说明这场考试对北宋文风的革新作用，当时有个太学生叫做"刘几"。他的文章最以怪峭著称，是标准的太学体。在当时的士子中很有模范作用，学习他文风的人不计其数。考试过后，欧阳修在阅卷的时候在一篇文章中看到这样几句话：

天地轧，万物茁，圣人发。

欧阳修说，这个肯定是刘几。于是大笔一挥，很幽默地写道：

秀才剌，试官刷。

剌是荒谬的意思，欧阳修还用红笔从头批到尾，张榜示人。后来一开封，果然是刘几。

过了几年，欧阳修又为考官，而刘几仍在考生之中。欧阳修说："除恶务力，今必斥轻薄子，以除文章之害。"阅卷的时候，他又看到一篇文章论曰："太上收精藏也，于冕旒之下"。欧阳修大笑，说你刘几真不走运，又撞到我手中了。但是拆封后，却是另一个举人。同时有一篇文章云："故得静而延年，独高五帝之寿。动而有勇，形为四罪之诛"。欧阳修对此赞赏不已，定为第一名。唱名的时候，才知道他叫"刘煇"。后来有人告诉欧阳修，刘煇其实就是刘几，只是改了名而已。欧阳修听了，愕然久之。

不过很明显看出，"太学体"的风云人物已经不仅改头换面，而且是彻底地洗心革面，在新文风指引下阔步前进。要知道当时阅卷结果出来之后，士子们一看好多新面孔出现，而那些平时以太学体闻名的都落榜了。一时间还群情汹汹，欧阳修遭到痛诋。但是欧阳修决心坚定，不为所动，最终使得文风大变。

此次科举考试最大的收获是苏轼、曾巩和程颢等真正有大才的人物登上了历史舞台，其中苏轼的经历最为惊艳。

当时的题目是《刑赏忠厚之至论》，苏轼写了600余字，比今天的高考作文还要短。但是说理透彻，结构严谨，平易晓畅。通过援引古仁者施行刑赏以忠厚为本的范例，阐发了儒家的仁政思想。

梅尧臣最先读到这篇文章，拍案叫绝，大为赞赏，立刻将文章呈给欧阳修看。欧阳修读罢，又惊又喜。喜的是得了一篇好文章，惊的是其中所用的典故自己以前从来没见过。原来文中有这么几句：

> 当尧之时，皋陶为士。将杀人，皋陶曰"杀之"三；尧曰"宥之"三。故天下畏皋陶执法之坚，而乐尧用刑之宽。

他问梅尧臣可曾知道这几句的出处，梅尧臣不知。又问其他几位考官，也都说不知。他感叹道："此郎必有所据，更恨吾辈不能记耳。"他想把这篇文章评为第一。可转念一想，这篇文章极有可能出自自己的门生曾巩之手。要是评为第一，恐怕有人说闲话。何况这个典故来历不明，被人抓住可不好说，于是就将这篇文章列为第二。

直到发榜那天，才知道这篇文章是出自苏轼之手。发榜之后按照惯例，苏轼去拜访欧阳修，欧阳修迫不及待地问他这两句的出处。苏轼说出自《三国志·孔融传》注，欧阳修事后忙着翻检查找，竟没有找到。

改日遇到苏轼，又说，你说的《三国志·孔融传》里没有啊？苏轼说，袁绍被曹操所灭，袁绍的儿子袁熙有一个漂亮老婆，曹操将她送给了自己的儿子曹丕。这个事情发生后，孔融对曹操说："当年周武王伐纣获胜后，将商纣王的宠妾美女妲己赐给了周公。"曹操非常惊讶地问孔融："哪本经书里有这样的记载？"孔融说："按照今天发生的事情，我想周武王和周公应该是这样做的。"苏轼接着对欧阳修说，尧帝与皋陶"三杀之三宥之"的故事，"某亦意其如此"，我也认为应该如此啊。

欧阳修退而大惊，说道："此人可谓善读书，善用书，他日文学必独步天下。"

这个故事堪称北宋文坛的第一美谈，苏轼的才华横溢和风采不凡让人惊叹。而欧阳修展现出他不耻下问并慧眼独具的宗师形象，也令后人神往。

通过这一次贡举，欧阳修实现了他多年的夙愿，这是他人生中最为成功的一笔。他也被当时的士子誉为"当世韩愈"，苏轼在文章中赞颂他说：

> 宋兴七十余年，民不知兵，富而教之。至天圣、景佑极矣，而斯文终有愧于古。士亦因陋守旧，论卑而气弱。自欧阳子出，天下争自濯磨，以通经学古为高，以救时行道为贤，以犯颜纳说为忠。长育成就，至嘉佑末，号称多士。欧阳子之功为多。

我以著书为职业

中国历史上最伟大的两个历史学家，一个姓司马；另一个也姓司马。

司马光给人的印象从来都是一副老成的模样，司马光砸缸的故事家喻户晓，反映出小时候的司马光沉着冷静的性格。

据说司马光一辈子就撒过一次谎，那是在他五六岁的时候玩青胡桃。他的姐姐想帮他把皮去掉，可是怎么弄也没成功。姐姐离开之后，来了个女婢，她用热水泡了泡皮就脱掉了。他姐回来问谁把皮弄掉的，他说是自己。正好他爸看见了，非常严厉地训斥道："你小子怎么信口胡说啊？"

这件事情应该给他的印象挺深的，后来他做事总是稳稳当当的。说话也是很靠谱，没有任何鬼点子，古板得令人惊奇。

他似乎天生就要成为一个历史学家，在他7岁的时候，凛然如成人。听到人讲《左氏春秋》，非常喜欢。回来就跟家人讲书中大旨，已经是了如指掌。从此以后，他就手不释卷，不知饥渴寒暑。

世人皆知，司马光一生最重要的两件事就是反对王安石和编纂《资治通鉴》。在仁宗年间，他和王安石，还有韩维及吕公著相得甚欢，被称为"嘉祐四友"。不过后来，到了神宗时代，两个人就成了死对头。

王安石在政治上是属于改革派，司马光是自信不疑的保守派。王安石说祖宗不足法，司马光说先王之法不可变。王安石掌权之后推行新法，司马光极力反对，王安石就把他赶到洛阳去了。

司马光到了洛阳之后，就把主要精力放在编纂《资治通鉴》上。早在英宗治平3年（1066年）的时候，这部大书的编纂就已经开始了，他的目的是为皇帝编教科书。当时成立了书局，设在崇文院，就是当时的国家图书馆。

司马光是主编，他的主要助手是刘攽、刘恕和范祖禹，他的儿子司马康也帮了很多忙。神宗熙宁4年（1071年），司马光到了洛阳。在洛阳的这段时间他没有政事烦忧，一心一意地编书。他在给好朋友邵雍的诗中写道：

我以著书为职业，为君偷暇上高楼。

编纂这样一部书的工程量有多大呢？有人在洛阳看到了这部书的草稿，堆满了整整两间屋子。这还不是最值得让人惊讶的，最让人吃惊的是翻阅这些稿子，竟然没有一个字是潦草的。

苏轼曾经称司马光为"司马牛"，因为他有一副牛脾气。老实人认死理，一条路走到黑。编书这样的事情就得需要牛一样的吃苦耐劳的精神，司马光俯首甘为编书的老黄牛，一干就是19年。

司马光在编书的时候，也没有完全忘记反对王安石。他上书论新法的害处，搞得朝中那些新法派十分不高兴。王安石当时把那些大好人都赶到别处去了，用的人鱼龙混杂，其中就有人想再整司马光一把。

但是司马光是个老实人，人品出奇地好，要挑点毛病还真不容易。于是恶意中伤，说书迟迟不能编好，是因为编书的那些人贪图皇家的笔墨和皇上所赐的慰问钱。

司马光编这部书，的确是官修的史书。就像是申请了国家社科基金似的，能够从皇帝那里拿一笔钱买笔买墨，还买点水果点心犒劳一下辛苦翻阅和抄写的工作人员。这本是应该的，当初皇帝也是下了圣旨的。但是这位仁兄暗地调查了一下，司马光所领导的书局根本就没有请领过这笔基金。

人品的差别由此可见，不过经历了这次中伤之后，司马光越发感觉到这件事情的紧迫性，因为他还有可能面临着更多的干扰。

不过司马光除了编书之外，也有比较丰富的社交生活，人不可能总宅在屋子里吧。

洛阳是当时的文化中心，风云人物在此汇集，当然这也跟王安石的新法有关。反对王安石的人在政治上失意了，于是都聚到洛阳来搞文化事业。

元丰5年（1082年）的时候，文彦博召集了一些年纪很大，资格很老，而且声名很高的人物组织了一个"洛阳耆英会"。这耆英会有13个人参加，好几个都是当过宰相的。像文彦博、富弼和王钦若都是著名的宰相，而且都是70岁以上的。只有一个例外，就是司马光。

司马光当时是64岁，已经很老了。但是跟那些老同志比起来还属于中青年学者，所以受邀请后他说自己不敢参加。文彦博说唐朝有个"九老会"，其中的狄兼谟也不到70岁。既然前朝有此先例，就可以依例参加，不违背祖宗之法。司马光于是就参加了，还写了《洛阳耆英会序》。

耆英会有会约，就是会员必须遵守的章程。这个会约今天还可以看到，我们可以从中看出什么叫真正的君子之交：

第1条是序齿不序官，就是说按年龄排顺序。而不按官阶排座位，这在官本位的中国实在是难得的。

第2条是饭菜要简单，早晚主食不能超过5种。喝酒个人自主，不劝酒。

第3条是召集的时候用一个帖子，来不来做个标记就可以了。

第4条是不迟到。

最绝的是第5条，违约了怎么办？罚上一大杯！

这才叫雅集，这才叫君子！

后来司马光仿照耆英会，自己也主办了真率会。他定的会约要求少喝点酒，蔬菜不限量，这很符合他的风格。

神宗元丰7年（1084年），《资治通鉴》编成了。这是中国历史上第一部编年史，全书共294卷，300多万字。记载的历史从公元前403年到公元959年，跨越16个朝代，共1 362年历史。依时代先后，以年月为经，以史实为纬。顺序记写，前因后果都有很明确的说明。

皇皇巨著，光耀古今，唯一能与它媲美的只有司马迁的《史记》。

神宗看了之后，深深感叹。再过一年，神宗就驾崩了。司马光到京师去奔皇帝的丧，一到开封，就引起士兵和老百姓的围观。老百姓说先

生别走了，留下来任宰相，为百姓造福吧。看他的人太多了，马都没法前进了，有的人爬到屋顶上，有的人爬到大树上。最后屋顶上的瓦被踩碎了，树上的枝条被踩折了。

这种场面让他觉得害怕，于是很快就回洛阳了。但是很快就被召回来了，因为主持朝政的哲宗和太后这对孤儿寡母希望他出来主持政局。

在司马光生命的最后一年里，他当上了宰相。他最主要的工作就是废除新法，他废除新法不遗余力，最终新法一项都没有保留。

王安石比他小3岁，在同一年去世。但是王安石去世比司马光早几个月，他亲眼看到自己十几年的成果顷刻间化为泡影。

而司马光十几年编成的《资治通鉴》，在生前也没能看到雕版印成。

斯人已逝，司马光的功过是非是历史学家永远争论不休的话题，而《资治通鉴》将永远散发经典的魅力。

苏门弟子知多少

苏轼是大宋300年最有才情的人物，他的名声绝对不是吹出来的。这个人是实实在在地有才，太有才了。

他因为文章列入唐宋八大家，因为书法名列宋四大家。他的诗是继李白和杜甫之后的一位大家，他的词开创了豪放一派。

他一生经历仁宗、英宗、神宗、哲宗和徽宗5朝，两次在朝廷任职；两次在外地做官，两次被贬谪。他概括自己一生："心似已灰之木，身如不系之舟。问汝平生功业，黄州惠州儋州"。他出入儒释道，做到三教圆融；他喜欢发议论，就像是战国时的纵横家，但是他又服膺儒学；他讲老庄，谈佛理。但是又不做隐士，而是时时刻刻关心政治。

国学大师钱穆说他是儒门中的苏和张（战国纵横家苏秦和张仪），又是庙堂中的庄老。非纵横，非清谈，非禅学。而亦纵横，亦清谈，亦禅学。实在不可以一格绳，而自成为一格。

他有很多很多的知心朋友，他说自己眼前所见无一个不是好人，他与三教九流都有来往。他说自己上可以陪玉皇大帝，下可以陪田院乞儿。

他在很多地方任职，留下了很多诗篇。但是他在做官的时候并非整天吟风弄月，而是勤勤恳恳，为民办事。至于那些诗，别人也许需要酝酿许久。但对他来说，就像平常说话一样。随便一写就是千古名篇，随便一画就是今天的国宝。

他被认为是天上的奎宿星，就像雅典娜是智慧女神一样，苏东坡主持着文运。

生在苏东坡那个时代实在是太幸运了，年轻的女孩子可以说要嫁就嫁苏东坡，而壮志男儿则可以拜东坡为师。欧阳修之后，苏东坡接过了文坛的大旗。青年才俊们涌到了他的门下，苏门弟子成了他们最耀眼的身份。

这里最值得一说的是苏门四学士和苏门六君子。

苏门四学士指的是黄庭坚、秦观、晁补之和张耒。

苏门弟子中黄庭坚名列第一，诗歌上苏黄并称，有时又称"坡谷"。因为黄庭坚号山谷道人，人们大都称他"黄山谷"。他把东坡老师的画像挂在自家室内，每天早上都要焚香敬拜。他在诗中写道：

子瞻谪岭南，时宰欲杀之。

饱吃惠州饭，细和渊明诗。

彭泽千载人，东坡百世士。

出处虽不同，风味乃相似。

他对老师的遭遇十分愤慨，而十分赞赏老师的人生态度，认为老师有着和陶渊明一样的风味。东坡逝世后，他悲痛地写道："天生大材竟何用？只与千古拜图像。"

秦观是很有名的才子，苏东坡在徐州任官的时候，秦观去拜谒他。

他在诗中写道"我独不愿万户侯，唯愿一识苏徐州。"颇有李白之风。东坡一看他的诗作和书法，写诗答道："故人已去君未到，空吟河畔草青青。谁谓他乡各异县，天遣君来破吾愿。"红颜薄命，才子短命。秦观在自己的老师前面辞世，东坡十分伤心，把秦观的名句"郴江幸自绕郴山，为谁流下潇湘去"写在扇面上作为永久的怀念。

晁补之很年轻，20岁的时候就见到了东坡。东坡认为是可造之材，悉心指导。当时东坡在杭州跟晁补之说起杭州山水人物，说枚乘《七发》和曹植《七启》那样的文字才能描绘这种雄奇秀丽，晁补之回去就写了《七述》。东坡一看大为赞叹，说本来自己想写的都被晁补之给写了，晁补之一下子就出了名。晁补之的一些堂兄弟像晁载之、晁咏之和晁说之都受到过东坡的栽培，晁氏家族成为文化大家族。

张耒是一个性格很坦率的人，他和老师无话不说。常常是各抒己见，有时候还争得面红耳赤。吾爱吾师，吾更爱真理，这就是张耒对老师的态度。

苏门六君子是谁呢？其实就是在苏门四学士之外加上陈师道和李廌。

陈师道因为东坡的推荐当上了徐州州学教授，东坡去杭州途经南京，陈师道知道后很想去跟老师会面。于是他向徐州知州请假，知州没批准。他就说自己病了，请了病假。然后擅自跑到南京去了，跟东坡相聚数日最后挥泪告别。不幸的是陈师道被人告发了，于是丢掉了好不容易得来的官职。

李廌一辈子都对东坡极为尊敬，东坡在当主考官的时候，因为糊名和誊录的程序严格，所以他辨别不出哪一章是李廌的卷子，结果李廌名落孙山。但是李廌从没为此事对老师有所怨恨，他们是真正的君子之交。东坡逝后，李廌哀悼老师的文章流传最广，其中写道：

　　　　皇天后土，鉴一生忠义之心；
　　　　名山大川，还千古英灵之气。

东坡门人中还有"苏门后四学士"的说法，指的是李格非、廖正一、李禧和董荣。前两位比较有名。李格非本人是文学家，他还有一个比他更有名的女儿——李清照；廖正一的词作写得不错。

此外，苏门弟子中没有归类的有李之仪、李昭玘和姜唐佐等。

苏东坡非常喜欢李之仪的诗作，二人关系融洽。李之仪的夫人胡文柔也是东坡先生的粉丝，她对自己的老公说："东坡先生天下闻名，读了他的文章，就让人有了杀身成仁的气概，你要好好向他学习。"东坡被贬英州，胡文柔亲手为东坡赶制衣服，为东坡送行。她说我一个女子能认识这等人物，此生无憾。

李昭玘从小就很仰慕苏东坡，东坡在黄州的时候，李昭玘给他写信。苏东坡对其文采十分欣赏，在回信中将其列入自己门下。李昭玘十分高兴，从此诗画往来不断，并跟随老师在政治上同进退。最后被列入党籍，多次罢官。在家闲居许久，也丝毫不改自己对老师的敬意。

姜唐佐是东坡最后一个弟子，他是海南人，海南当时是非常落后的地方。苏轼收他为徒，希望他能考中进士，写诗道："沧海何曾断地脉，白袍端合破天荒。"后来姜唐佐不负厚望，终于成了海南史上的第一名进士。

苏东坡是欧阳修之后的文坛领袖，他的才气将北宋的文化推向了顶点，所以他的弟子没有一个能够超越他的。这里介绍苏轼的弟子，是想说明他们享受了苏门弟子的荣耀，但在后来也承受着作为苏门弟子的沉重压力。

其实，到了苏东坡的晚年，北宋最好的时代已经过去了。宋朝被称为中国历史上文艺复兴的时代，文艺复兴必然伴随着巨人的诞生。范仲淹、欧阳修、周敦颐、韩琦、富弼、文彦博、王安石、司马光、程颐、程颢、张载和邵雍等人就是这个时代的巨人，他们让北宋永远闪耀光芒。然而政治生态的恶化使得巨人的时代没有能够延续下去，金国的铁骑最终让北宋的文治事业成为永远的历史记忆。

历史就是这样的无情，当我们刚怀着无比激动的心情感悟了巨人的灵魂，我们马上就要陷入沉重的历史悲剧之中慨叹并深思。

第三章
王朝的中断

一、帝国痼疾

车盖亭诗案

元丰8年（1085年），宋神宗驾崩。在神宗的母亲高太后的主导下，神宗第6子赵煦顺利即位。是为宋哲宗，当时年仅10岁。

小小的哲宗当然主持不了政局，由他的奶奶高太后垂帘听政，而且一听就是9年之久。高太后是反对变法的，早在神宗时期就几次哭着喊着说王安石要乱天下。现在她有了自主权，自然就要废除新法了。

王安石的死对头司马光被找回来当宰相，他执政之后的第1道札子就是《请更张新法》。他说新法就跟毒药一样，不废止不行。

一朝天子一朝臣，就像两党轮流坐庄一样。王安石执政的时候，用的都是变法派，即新党人物；司马光执政后用的都是反变法派，或称"保守派"，是旧党人士。

1086年改元祐元年，在司马光的领导下，废除新法的工作雷厉风行

地展开了。当年王安石推行新法的时候，人们说他操之过急。而现在司马光废除新法，比王安石还要急得多。

不光是废除新法，变法派的官员一个个都被贬出朝廷。

这年4月的时候，王安石在愤恨之中离开了人世。司马光认为王安石这人的文章节义还是不错的，应该对他优加厚礼，这显示出他一代名臣的胸怀。又过了5个月，司马光也去世了，新法已经废除殆尽。

改革也好，保守也好，两个人折腾了几十年。结果是没有结果，而局面变得更糟。

蔡确是神宗晚年的宰相，是王安石之后主持新法的头号人物。在司马光废除新法的时候他坚持抗争，力图挽回局面。但最终他的努力白费了，而且成为众矢之的。

元祐元年蔡确被罢相，出知陈州。第2年他又被贬到了安州，就是今天的湖北安陆。蔡确到当地的风景名胜车盖亭去游玩，诗兴大发，一下子写了10首叫做《夏日登车盖亭》的绝句。有心的读者不妨读一读，看是否能看出他在欣赏风景之外是否还有着政治意图。

一

公事无多客亦稀，朱衣小吏不须随。

溪潭直上虚亭表，卧展柴桑处士诗。

二

一川佳境疏帘外，四面凉风曲槛头。

绿野平流来远棹，青天白雨起灵湫。

三

纸屏石枕竹方床，手倦抛书午梦长。

睡起莞然成独笑，数声渔笛在沧浪。

四

静中自足胜炎蒸，入眼兼无俗态憎。

何处机心惊白鸟，谁能怒剑逐青蝇。

五

西山彷佛见松筠，日日来看色转新。

闻说桃花岩畔石，读书曾有谪仙人。

六

风摇熟果时闻落，雨滴余花亦自香。

叶底出巢黄口闹，波间逐队小鱼忙。

七

来结芳庐向翠微，自持杯酒对清晖。

水趋梦泽悠然过，云抱西山冉冉飞。

八

矫矫名臣郝甑山，忠言直节上元间。

钓台芜没知何处，叹息思公俯碧湾。

九

溪中自有戈船士，溪上今无佩犊人。

病守翛然唯坐啸，白鸥红鹤伴闲身。

十

喧豗六月浩无津，行见沙洲冻雨滨。

如带溪流何足道，沉沉沧海会扬尘。

这10首诗其实写得很不错，且不管蔡确平日人品如何，他确实是很有才华的诗人。然而这正是蔡确最大不幸的开始。当时的知汉阳军吴处厚曾经在蔡确手下为官，他希望蔡确能够推荐自己。但是蔡确没有答应，吴处厚由此对蔡确深为不满。

当吴处厚得到这几首诗的时候，他觉得报仇的机会来了。他把蔡确的诗上报给朝廷，说其中5首有含沙射影讽刺朝廷的嫌疑。他的解释是：

第3首：莞然独笑，这是笑得不怀好意。方今朝廷清明，不知蔡确所笑何事？

第5首：自比谪仙人，这是心怀不满，认为朝廷对他处置不公。

第6首："小鱼忙"是讽刺朝廷起用新人，他在这里自吹老资格。

第8首：这首最为恶劣，唐朝郝处俊封为甑山公。唐高宗想逊位给武则天，郝处俊上疏切谏。而现在太后垂帘，显然是将太后比作武则天，这是对太后的污蔑。

第10首：喻国运必生大变，这是对朝廷的诅咒！

俗话说欲加之罪，何患无辞？其实郝处俊是安陆人，谪仙人李白也在安陆长居。蔡确身在安陆，发思古之幽情，写入诗中有何不妥？再说笑一声又怎么了，难道吴处厚平时就不笑吗？吴处厚费尽脑汁硬是找出毛病来了。高太后看了吴处厚的奏章，怒不可遏，下令立刻将蔡确贬到新州。新州就是今天广东的新兴，现在的新兴是个著名的侨乡。可在宋朝那是个蛮荒之地，被贬到那里就意味着深重的苦难，甚至是生命的终点。苏轼的诗中就曾经写道："问翁大庾岭头住，曾见南迁几个回？"

那里是人间地狱。

当时一些官员说蔡确还有年老的母亲，岭南那么远，建议迁到别的地方。高太后说："山可移，此州不可移。"高太后这么坚决的原因何在？原来蔡确遭到吴处厚的攻击之后，朝廷中的几个反变法派指斥蔡确自以为有拥立哲宗的功劳。这是对高太后权威的直接挑战，所以她下定决心要置蔡确于死地。

蔡确在劫难逃，其他的变法派也难以立足。保守派彻底铲除变法派，许多变法派再次遭到重贬。

元祐8年（1093年），蔡确在新州郁郁成病，凄然而死。

车盖亭诗案在北宋后期开了一个恶的先例，党争在文治社会在所难免，但是党争也有其限度。不同的观点可以同时存在，这并非坏事，问题是当别人不同意自己观点的时候该如何处理？

宋太祖开国就立下了不杀士大夫的誓言，王安石执政的时候虽说反对他的人很多，但也只是将他们赶出了朝廷。文字狱在车盖亭诗案之前也已经有很多次，比如仁宗时候的进奏院案和神宗时候的乌台诗案，但都没有这么恶劣。车盖亭诗案是打击政敌面最广，并且力度最大的一次。

一句话，车盖亭诗案开创了一个把对手往死里整的先例。而且一旦有了先例，就会恶性循环。

当时，旧党开出了两张名单，一张是蔡确亲党，有47人；一张是王安石亲党，有30人。这个打击面之广，可见一斑。他们的目的就是要清除新党的全部势力，让他们永世不得翻身。而新党在遭受重大打击的时候，就把恨压在心头。伺机报复。这就孕育着更大的危机。

王安石和司马光观点相左，在朝政上是死对头，但是私下里互相尊重。他们之后的新党旧党，就完全是相互倾轧，置对方于死地而后快。

范仲淹的儿子范纯仁是最有眼光的一个人物，不愧为名门之后。他在蔡确遭贬岭南的时候敏锐地察觉了这一问题的严重性，他对高太后说朝廷不能因为这些暧昧的文字而贬黜大臣。但是很快他就被人指责为与

蔡确结党，自己都洗不清了。

范纯仁对自己的好朋友吕大防说岭南的道路上长满荆棘七八十年了，现在这条路重开。只怕日后主张变法的人上了台，咱们也难免有这样的下场。然而这种远见是当时很多人不具备的，仇恨已经蒙蔽了他们的双眼。

党争和文字狱是文治帝国的痼疾，它摧毁了士大夫好不容易建立起来的责任感和那种以天下为己任的精神。它让士大夫失去了安全感，只是想着如何明哲保身，最终它将摧毁整个文治帝国。

北宋灭亡的种子在车盖亭诗案发生的那一刻已经种下，正在发芽。

同文馆之狱

元祐8年（1093年），宋哲宗的老奶奶去世了。其实她去世的时候还不是太老，也就62岁，但是哲宗已经觉得她是"老不死的"。

在元祐时代，朝中大事小事高太后说了算。那些老臣都是看着高太后的脸色办事，没把小皇帝放在眼里，小皇帝还是他们教育的对象。小皇子活在太后的阴影之下，怨气在心中郁积。有一次，高太后说："那些大臣奏事，你怎么想的为什么不说？"他回答道："娘娘已处分，还让我说什么？"

当哲宗亲政后，他终于自由了。他发泄自己的不满，好几次都说到高太后垂帘的时候我只看到她的屁股。朝中的一些官员马上就窥测到了这种心理，开始迎合哲宗讲高太后的坏话。

第2年的4月，翰林学士承旨曾布建议哲宗恢复神宗的事业。改元顺应天意，于是哲宗将年号由元祐改为绍圣。绍圣就是要以神宗为榜样，继承神宗的变法大业。

一个重大的事件就是章惇再次入朝，并在哲宗在位期间始终独居相位。他获得了哲宗的高度信任，但他是一个为人心狠手辣的人物。苏轼小章惇一岁，两人年轻的时候相识。有一次两人一起旅行，到了黑水谷。那里有一条深涧，深涧两侧绝壁万仞，道路断绝。下边湍流翻滚，只有一条横木为桥。章惇胆子大，要苏轼走过去，到那边的悬崖上题字。苏轼两腿发软，不敢过去。章惇却不动声色从容地走了过去，在石壁上潇洒地写下。"章惇苏轼来游"，完了又走回来。苏轼拍章惇的肩膀说："子厚（章惇字）必能杀人！"章惇问为什么？苏轼说："连身家性命都不顾的人，还怕杀人吗？"

章惇当了宰相，意味着新党把持着政权。为了保持自己手中的权力，他们势必要把旧党全部铲除。而哲宗这个人年少气盛并且感情用事，这一点被新党有效地利用了。当时新党有四大领袖，即章惇、曾布、蔡卞和蔡京，堪称四人帮。

章惇一入相就声称"司马光奸邪，所当急办"，旧党的主要人物吕大防、刘挚、苏轼和刘安世等人都被贬到了岭南。

在王安石的时代，你不同意王安石，还可以到洛阳去吟诗饮酒。可是到了章惇这个时代，你不同意他，就只有到岭南去等死了。

章惇对旧党的打击已经彻底失去了人性，他把别人的生命视为儿戏。苏轼不是字子瞻吗？那就贬到儋州去，因为瞻跟儋看起来差不多嘛；刘挚被贬到新州去了，因为刘挚字莘老，莘跟新读音很相近嘛；黄庭坚被贬到宜州，因为黄庭坚之鲁直，宜跟直不是很像吗？凭着自己的喜好，他就决定了他人的生死。

更令人发指的是，他连死人都不放过。司马光和吕公著是旧党的领袖，现在已经死了。但是他们之前有皇帝赐予的封号，于是把这些封号剥夺了。他甚至还打算挖了这两个人的坟墓，好在有大臣说"发人之墓，非盛德事"，最后作罢。那就姑且放过死人吧，他们的后代还活着啊，于是把他们的后代都给贬黜了。

章惇像发了狂一样地疯狂报复，他要将所有的敌人置于死地。如果不把他们整死，有一天他们得了势，自己不就危险了吗？

在这种背景下，朝廷又发生了一个大事件，那就是同文馆之狱。

同文馆之狱与车盖亭诗案有着千丝万缕的联系，旧党不是利用车盖亭诗案放逐了蔡确并导致他死在岭南吗？现在势力完全倒过来了，蔡确的二儿子蔡谓早先在蔡确被贬的时候受到牵连。他到处避难，曾经躲到广西的香林寺里面。穿着僧人的衣服，一躲就是7年，哲宗亲政后回到朝廷。当年的仇恨压在心头已经很多年了，现在到时候报仇了。

绍圣4年（1097年），他给哲宗报告说，他的叔叔蔡硕曾经在邢恕那里看到一封信。信是文彦博的儿子文及甫写给邢恕的，信中说道"司马昭之心，路人所知。又济之以粉昆，朋类错立，欲以眇躬为甘心快意之地"。"眇躬"意指宋哲宗，因此旧党的刘挚和梁焘等人被认为是曾经在元祐年间准备废掉哲宗。

哲宗一看，龙颜大怒。命新党的官员蔡京和安惇在同文馆受理此案，因此史称"同文馆之狱"。其实，这件事完全就是子虚乌有。蔡京等人花了很大的力气去审理，用尽各种办法逼供。终究没有找到刘挚等人谋反的确切证据，最终以"诚有是心，而反形未具"结案。刘挚等人早在绍圣初年就被贬到岭南去了，尽管这样朝廷还是将刘挚等人的子孙一并禁锢在岭南，以示惩戒。

元符2年（1098年），刘挚再次被诬陷与宦官陈衍和张士良阴谋废立。刘挚已在绍圣4年岁末贬死，死无对证；陈衍贬在崖州（今海南崖县），被哲宗下令在当地处死；张士良从贬所押回朝廷受审。当时蔡京在张士良面前摆满了很多刑具，鼎镬刀锯一应具备。威胁他说只要你承认此事，那就官复原职；不承认，那就大刑伺候。

张士良是一个有骨气的宦官，当问及所谓高太后废立事，他仰天大哭，高声说：

太皇太后不可诬，

天地神祇岂可欺！

他说："杀了我也不能诬陷高太后。"在中国数千年的宦官史上，张士良应该被记上一笔。因为他也代表着大宋精神，他的人格比那些寡廉鲜耻且首鼠两端的官员文人要高尚得多。

章惇与蔡卞还打算追废高太后，并拟好了诏书。向太后听说了这事，号哭着来见哲宗。她以同听政的身份，证明高太后所做一切昭如正午的太阳。哲宗生母朱太妃也苦劝道："皇上一定这么做，也就容不得我。"哲宗这才怒斥章惇与蔡卞，是否还让他有脸跨进英宗的祖庙，一场追废高太后的政治闹剧才草草收场。

同文馆之狱及其相关事件是继车盖亭诗案之后的一场大的文字狱，它表明围绕着最高权力的斗争更加激烈。它使得北宋的政治生态进一步恶化，使得任何人都有可能被莫须有的罪名赶到岭南去，使得人人自危。丧失了安全感，也就丧失了责任感，靠着士大夫的责任感支撑起来的文治帝国随时都有垮塌的危险。

元祐党籍碑

在今天的广西，桂林龙隐岩和融水县真仙岩各有一块《元祐党籍碑》，两块碑是否都是宋刻还有些争论。但是不管怎样，这两块碑依然传达着久远的历史信息。将人们带回八九百年以前，再次感受那场政治大清洗运动的惊心动魄。

元符3年（1100年）正月，年纪轻轻的哲宗病崩了，据说是因为他在性生活上的放纵而导致自己短命的。他没有儿子，使得皇位的继承成为一个大问题。当然，皇帝也只能从哲宗的兄弟中诞生。神宗共有14个儿子，当时在世的只有5个。

神宗的皇后向太后此时走到了政治的前台，她向章惇等大臣说："先帝无子，应当立谁？"

章惇是宰相，他提出应立哲宗同母弟简王。

向太后说自己没有儿子，所有的皇子都是神宗的庶子，不应再有区别。简王乃13子，断无僭越诸兄的道理。

章惇改口说："若以长幼，应立申王。"

申王有残疾，一眼瞎。向太后表示反对，认为端王最合适。

章惇一句话脱口而出："端王轻佻，不宜君天下。"

向太后强调先帝遗言就是让端王即位，曾布也指斥章惇，支持向太后。于是端王继位，他就是宋徽宗赵佶。

宋徽宗以庶子入承大统，尽管已经19岁，仍请向太后垂帘听政，以压阵脚。与真宗的刘皇后和英宗的高皇后不同，向太后对权力并不感兴趣。听政仅半年，这年7月就宣布还政。

刚刚登基的宋徽宗励精图治，启用名相韩琦之子韩忠彦和范仲淹之子范纯仁。文彦博、司马光和刘挚等33位元祐大臣恢复了名誉和官职。一时间朝野欢呼，号为"小元祐"。

徽宗登基，反对徽宗的新党领袖章惇立刻就倒霉了。他担任山陵使，结果哲宗的灵柩陷入泥潭，被参劾为大不敬。于是他被罢相，然后就被贬到了岭南。后来移至睦州（今浙江建德），死在那里。

蔡卞也是众多台谏官弹劾的对象，作为王安石的女婿，他也是鼓动哲宗绍圣的主角，现在贬往太平州（今安徽当涂）居住。

接着，蔡京夺职出居杭州，邢恕、林希和吕嘉问等也分别被逐出了朝廷。

可以说这时候朝政成了旧党的天下。

四人帮之中，唯有那个比较温和的曾布还在朝中。他本来就反对章惇的激进主义做法，并且拥立徽宗有功。一些旧党对他也很有好感，成为当时新党在朝的唯一领袖。

元符3年岁末，徽宗明确表示元祐和绍圣均有所失。要以大公至正，消释朋党，改元建中靖国。宋代年号往往反映出在位皇帝的施政意向，徽宗这个年号的政纲很明确。"建中"就是在元祐和绍圣之间不偏不倚，"靖国"就是强调安定团结乃压倒一切的头等大事。

建中靖国元年（1101年）正月，向太后去世。向太后是旧党的靠山，她一去世，朝政的风向马上就变了。

起居郎邓洵武是新党邓绾之子，他调唆徽宗说："陛下是神宗之子，忠彦是韩琦之子。忠彦更变先帝之法，在他是继承父志，陛下却不能够。必欲继承遗志，非用蔡京不可。"邓洵武用父子之情离间了徽宗的君臣之义，挑起了他对旧党的不满和仇恨。11月，徽宗宣布明年改元崇宁，表明他将转而崇尚熙宁新法。

曾布为了把韩忠彦挤走，援引蔡京入朝担任翰林学士承旨。不久，蔡京就当上了执政。蔡京入朝，先与曾布联手迫使韩忠彦罢相。罪名是变神宗之法度，逐神宗之人才。但蔡京站稳脚跟却开始倾轧曾布，上演了"螳螂捕蝉，黄雀在后"的闹剧。曾布很快被他赶出了朝廷，蔡京成了最大的赢家，宋朝历史进入了徽宗与蔡京狼狈为奸的时代。

蔡京是福建人，是蔡卞的哥哥。他本来是一个没有任何立场的人物，只是因为弟弟是王安石的女婿，所以和新党关系密切。其实在司马光废除新法的时候，他当时任开封府，废除新法比谁都要快，司马光说"倘若人人奉法都像蔡京那样，何不可行之有"。然而章惇掌权，他又去讨好章惇。他就是这样一个毫无立场唯利是图的奸诈小人，可是徽宗就是欣赏他。

蔡京是位书画能手，据称宋代书法四大家"苏黄米蔡"的蔡最初就是指他。后来因为人们觉得他人品太坏，就用另一位书法大家蔡襄替代了他。

他在徽宗登基之后，阿谀宦官童贯，寻找飞黄腾达的机遇。当时童贯奉诏到杭州搜罗书画珍玩，而蔡京被贬在这个地方，于是他精心绘制了屏障扇面让他带回宫中。徽宗一看，十分喜欢。童贯乘机说项，徽宗便决定重新起用蔡京。于是蔡京在10个月里掌握朝政大权，成了一人之下，万人之上的人物。

　　如果说章惇只是心狠手辣，则蔡京完全就是卑鄙无耻。蔡京不讲任何立场和原则，他只是利用任何可以利用的手段整人。

　　蔡京当宰相的时候，他依然高举新法的伟大旗号，然而其所作所为跟王安石的新法没有任何关系。王安石设了"制置三司条例司"，他就模仿着设了个"讲议司"。由他担任头头，说要讨论一下新法该如何如何进行。实际上他把自己的亲信都安插其中，独揽权力，打击政敌。

　　元符末年徽宗曾经下诏求言，一些官员纷纷上书。现在蔡京把这些人分成6等，即正上、正中、正下、邪上、邪中和邪下。谁跟他走得最近，那就是最正；反对他的程度越深，那就越邪。

　　后来徽宗和蔡京开出了一个元祐党人的名单，包括：

　　文彦博、吕公著、司马光、吕大防、刘挚、王岩叟、范纯仁、韩维、苏辙、陆佃等文武执政官22人。
　　苏轼、范祖禹等曾任待制以上官员35人。
　　秦观、黄庭坚、程颐等其他官员48人。
　　张士良等内侍8人。
　　王献可等武臣4人。

　　徽宗御笔书写，把他们的名字刻在了端礼门外的石碑上。看到这个名单，很多人立刻就会明白为什么北宋会灭亡，而且灭亡得那样快。

　　到了崇宁3年（1104年），徽宗下诏重定元祐和元符党人。还有上书邪等者，一共是309人，刻石朝堂。先由徽宗书写刻石文德殿门东壁，再由蔡京书写颁示全国州县刻石。

　　这时候已经没有了新党和旧党，只有蔡京喜欢和不喜欢的。蔡京也懒得搞文字狱，直接仿效秦始皇焚书坑儒。像苏轼及其苏门弟子的著作都成了禁书，要被毁掉；司马光及其弟子的书也要被毁掉。就连《资治通鉴》也差点被毁了，幸好有神宗写的序才幸免于难。

元祐党人的子女也遭到株连，他们不能在京城任职，不能在京城居住。

然而到了崇宁5年（1106年），事情又峰回路转。这年彗星出现，古人认为是上天示警。所以徽宗听从建议，拆毁了各地的"奸党碑"，但是为元祐党人的平反又经历了很复杂的历程。

南宋的时候，为了保存历史，两位党人后裔重刻了元祐党籍碑。这两块碑流传至今，为人们所关注。刻碑的人及碑上所列的人都早已经远去，然而碑文依旧让人感慨万千。

蔡京在碑文中所做的描述如下：

> 皇帝嗣位之五年，旌别淑慝，明信赏刑，黜元祐害政之臣，靡有佚罚。乃命有司，夷考罪状，第其首恶与其附丽者以闻，得三百九人。皇帝书而刊之石，置于文德殿门之东壁，永为万世臣子之戒。又诏臣京书之，将以颁之天下。臣窃唯陛下仁圣英武，遵制扬功，彰善瘅恶，以昭先烈。臣敢不对扬休命，仰承陛下孝悌继述之志。司空尚书左仆射兼门下侍郎蔡京 谨书。

透过蔡京那潇洒的书法，数百年之后依旧可以感受到那浓浓的杀气。这种杀气当时一度笼罩了开封城，笼罩了大宋王朝。

二、艺术天子

皇家美术学院

宋徽宗是一位艺术奇才，他除了坐拥一个庞大的帝国之外，还拥有自

己的艺术世界，也许他正是想要按照自己的艺术梦想去缔造自己的帝国。

宋徽宗主持的画院被称为"宣和画院"，它是中国美术史上一个伟大的存在，它大概也是世界上第一个皇家美术学院。中国的画院有着悠久的历史，但在宋徽宗之前，画院只是用来供养御用画家的地方。宋徽宗把它变成了一个培养画家的地方，画院取士制度成了科举取士制度的一部分。

宣和画院有着严格的招生制度，课程设计很合理，学制和待遇都有很明确的管理规定。进入画院的人要接受严格的训练，除了学习绘画以外，还有通识教育。他们的专业课很丰富，一共有6门，即佛道、人物、山水、鸟兽、花竹和屋木；公共课有《说文》、《尔雅》、《方言》和《释名》等。因此可以说宣和画院有很先进的教育模式，以及很成熟的教育理念。

这个皇家美术学院最大牌的教授就是宋徽宗，南宋邓椿所著的《画继》中说"徽宗皇帝天纵将圣，艺极于神"。清代学者叶昌炽曾经说"道君（因徽宗笃信道教，故称"道君"）虽青衣受辱，艺事之精，冠绝千古"。这位天资超迈且风采俊秀的艺术天子在琴棋书画诗词金石各个艺术领域无不造诣高深，技巧精绝，品味雅正。

他是宋代第一流的画家，他的花鸟画成就最高，是中国古代最为优美的花鸟画作品。他有状物写神的高超技艺，以及精工典雅的风格，代表了院体花鸟画的特色和最高水准。《芙蓉锦鸡图》用笔细腻，逼真传神；《写生珍禽图》极力描摹，纤毫毕现，质感和力度呼之欲出。南宋初年的王廷珪有一首诗盛赞徽宗的花鸟画："宣和殿后新雨晴，两鹊飞来东向鸣。人间画工貌不成，君王笔下春风生。"他的山水画气势不凡，《奇峰散骑图》意匠天成，功夺造化。妙处之趣，咫尺千里；他的人物画笔墨生动，《听琴图》虽然画的是令人生厌的昏君奸臣，但是单就其艺术境界来看，高远清静，令人心旷神怡。

宋徽宗也是宋代第一流的书法家，他的瘦金体是书法史上的一个独创。笔力超迈，高掩前古。有一次宋徽宗到秘书省去，打开书画箱，拿出自己亲笔书画。凡是亲王大臣及使相从官，各赐画一幅和草书一纸。群臣皆断佩折巾，争先恐后地索要，徽宗开怀大笑。徽宗后来被女真人捉去了，他的书法也传到了金朝。金章宗酷爱瘦金体，推崇备至。极力模仿，这也是文明征服的一个例子吧。

在画院，徽宗是一位一丝不苟且勤勉有加的教授。他曾经对大臣说"朕万几余暇，别无所好，唯好画耳"。他有超乎寻常的艺术热情，亲自担任《宣和睿览集》的主编。将自三国到宋初的画作都收集起来，列为14门。总数达1 500卷，为中国绘画史做出了极其重要的贡献。在画院里他亲自选录画院学生、布置绘画题材、讨论笔墨技巧、品评作品优劣、决定画家职称，并示范绘画方法，如此种种，乐此不疲。

有一天，宣和殿前的荔枝树结了果，皇上很高兴。恰好这时树下来了一只孔雀，徽宗让画家把这一场景画下来。皇帝有命，这些画家自然是竭尽全力各显神通。画出来也是精彩纷呈，华彩烂然，但画的都是孔雀在将要登上藤墩的时候先抬右脚。

徽宗看了说："不好。"大家面面相觑，愕然不知。几天过后，徽宗再次把画家们召来询问，但他们仍然不知所以，徽宗说："孔雀升高先抬左腿！"这些画家都骇服——皇上的水准就是高。

还有一次徽宗看到一幅月季图，作者还是个无名少年，徽宗大为赞赏。旁边的人问他原因何在，他说月季很难画。因为月季四季朝暮花蕊叶片各不相同，这幅画画的是春天日中时的月季。一毫不差，实在难得。

由此可见他以艺术家的眼光对生活的观察是多么仔细，力图准确的现实主义风格非常明显。然而画院入学考试的命题确是十分有趣，完全是另外一种风格。

其比较典型的题目有：

嫩绿枝头一点红，动人春色不须多

竹锁桥边卖酒家

踏花归来马蹄香

蝴蝶梦中家万里，子规枝上月三更

这些都是意境悠远的唐人诗句，要想用画表现出来那可不容易。怎样画出那一点春色来？怎样画出锁的感觉来？怎样画出香味来？怎样画梦？且看当时的考试牛人们是怎么做到的。

第1题有个考生画的是一美人凭栏而立，唇上一点红，与绿柳相映衬，闺中少妇因撩人春色思春的意境就出来了。

第2题画家李唐最为出色，他画了流水之上一座小桥横跨。桥畔是葱郁的竹林，迎风招展的酒帘子斜挂在竹枝上。没有画酒家，因为被锁在那竹林里面了。

第3题最为巧妙，一个画家画了几只蝴蝶追逐在马蹄之后，马刚踏过花儿。马蹄儿上还带着花香，真是神来之笔！

第4题是王道亨画的，他画了在北海牧羊的苏武，持节而卧。一只蝴蝶飞舞其上，寂寞思乡之情跃然纸上。又画林木扶疏，上有杜鹃。午夜时分，木影在地。亭台楼榭隐约可辨，徽宗看了拍案叫好。

我们可以看出，徽宗的命题是很有手法的。他要求考生画出意境来，既要写实，也要画虚。虚实相生，方是妙境。

画院里培养了很多有成就的画家，其中最杰出的有李唐、张择端、王希孟和苏汉臣等。他们是地地道道的天子门生，皇家画院的高材生。李唐后来成为南宋四大家之首；王希孟是少年天才，10多岁就入宫学画。徽宗慧眼独具，认定他是可造之材，亲自指点。王希孟18岁的时候完成了千古名画《千里江山图》，这幅画和张择端的《清明上河图》均名列中国十大传世名画；宋徽宗是《清明上河图》的第一个收藏者，他亲自用瘦金体在画上题写了"清明上河图"5个字；苏汉臣的《秋庭戏婴图》保存至今，为后人所珍视。

因此宋徽宗不仅是天才的书画家，也是成功的书画教育家。可是很不幸，他是亡国之君，《宋史》中评论说"宋徽宗诸事皆能，独不能为君耳"！然而就是这样一个独不能为君的人，统治着当时经济最为繁荣且文化最为发达的大宋帝国。

我们再看看那副《听琴图》，弹琴者为徽宗本人。而那位听得入迷的是蔡京，蔡京还在画上题诗：

吟徵调商竈下桐，松间疑有入松风。

仰窥低审含情客，似听无弦一弄中。

徽宗弹琴，蔡京听琴；徽宗绘画，蔡京题字。真是相得益彰，绝代双骄，天下无二，谁能相信这幅和谐的画面中的主角竟然是北宋王朝的埋葬者！

北宋的皇帝很多都有艺术才能，在宋徽宗这里达到了一个顶点，顶点也是终点。当一个皇帝是绝世的艺术家的时候，是艺术的大幸，又是一个国家的大不幸。

一个文治帝国有着自己独特的生命历程，它最终消亡在一个艺术天子的手里，不能不让人心生感慨造化弄人！

米芾的癖与颠

在宋徽宗的画院中，除了他这位最大牌教授以外，还有位大牌教授值得说一下。这个人就是米芾，当时他的职称是书画博士。

米芾这个人的姓和名都怪怪的，米这个姓是怎么来的呢？原来南北朝及隋唐的时候，粟特人大量进入中原。他们原来所属的族群都以昭武为氏，有9个分支，如米国、康国和安国等。即著名的"昭武九姓"，

后来米国国名就成了汉化之后的姓氏了。由此看来，米芾也是有着粟特人的血统。这种胡种汉化之后容易成为艺术奇才，比如唐代的李白也是一例。

米芾的芾是什么意思呢？是指草木很茂盛。其实米芾最先的名字还不叫米芾，而叫"米黻"。黻是官服上的花样，黼黻这个词有时候就用来借指爵位。这两个名的差别就出来了，一个是指在野，代表隐逸；一个是指在官，代表功名。原来米芾在对官场生厌之后，就把"黻"改成"芾"了。他自己说"好事心灵自不凡，臭秽功名皆一戏"，可见他对功名利禄的态度。

原来米芾名字这般不简单，他的血统渊源和人生志趣在这里面都有体现。

米芾还有很多号，比如襄阳居士、鹿门居士和海岳山人，总给人一种隐逸出世的感觉。而当时的人喜欢称他为"米颠"。他有个儿子叫"米友仁"，也是个画家。于是人们称米芾为"大米"，称他的儿子为"小米"。

艺术家通常会有些怪癖，是现实生活中的异类。在当时的众人眼中，米芾确实是一个不伦不类的怪人。《宋史》中说他"冠服效唐人，风神萧散，音吐清畅"。唐人的衣服很宽大，而宋人的衣服相对窄小。米芾穿着宽大衣服，随风摇摆，羽化登仙，这种神采可以想见。神采归神采，可在周围人看来，不就是一个奇装异服者吗？所以他到了一个地方人们都围着他看，跟看稀世动物一样，觉得很好玩很好笑。

米芾的帽子也很特别，是一种很特别的高檐帽。有多高呢？坐轿子的时候，帽子会撞到轿子顶上。一般人就把帽子摘下来，或者低着头就可以了。可米芾偏不肯摘帽，更不肯低头。而是把轿顶给摘了，露帽而坐，直顶苍天。

米芾还有个癖好就是对石头的狂热，他曾经从和尚那里得到一块端州石。此石屹立如山，且气象万千。他喜爱备至，抱着石头睡了3天3

夜，然后跑去嘱咐东坡为之题铭。在涟水做官时，米芾收集了该地许多奇石。一一品目，加以美字。天天足不出户，把政务置之一旁。

当时他的老友杨杰是他的顶头上司，听说了这件事，就登门前来批评教育。杨杰到了那里，表情严肃地说："你是朝廷命官，应该公事繁忙，怎能整天弄那些石头？"米芾竟笑而不答，从左袖取出一块嵌空玲珑的石头，色极清润。他翻来转去给杨看，说："如此石安得不爱？"杨杰脸色铁青。

米芾见状又取出块石头，只见此石叠峰层峦。比上一块更为奇巧，杨还是不为所动。

米芾最后拿出一块天雕神镂的奇石，又对杨说："如此石安得不爱？"

杨杰眼睛一亮，忽然夺过石头说："不单你爱，我也爱得很。"说完转身登上车走了。他知道对米芾这种人，板起脸来也是对付不了的，不如夺他一块石头实惠。

米芾在无为军任职的时候，听说河边有个长得很奇怪的石头。人们不知道这石头是从哪来的，以为是怪物因而不敢去碰它。米芾就叫人把这石头抬到他的府衙，一见到石头大吃一惊，立马叫人设席。他连连向石头作拜，对石头说："吾欲见石兄二十年矣。"后来有人写诗说："唤钱作兄真可怜，唤石作兄无乃贤。望尘雅拜良可笑，米公拜石不同调。"

米芾拜石的事情传开了，朝野上下引为笑谈。而米芾不仅毫不介意，还专门画了《拜石图》，自鸣得意。这幅画流传到了元代，画家倪瓒做了一首诗：

> 元章爱研复爱石，探瑰抉奇久为癖。
> 石兄足拜自写图，乃知颠名不喜得。

米芾在涟水的时候还有一件很有意思的事，有一回他在客人那里看

到一幅蔡松图的《牛图》，非常喜欢。借回家观看了好多天，最后不想还了。于是他就照样画了一幅，把自己的仿作还给了客人，自己留下了真迹。过了几天，客人找上门来了，向他索要真迹。米芾耍赖，说这就是真迹啊。客人说那真画的牛目中有牧童的身影，这幅画里没有。原来米芾百密一疏，没有注意到这一细节，只好将真迹归还。

米芾有很严重的洁癖，别人用过的毛巾和器皿，他是绝对不会用的。不过有一回，他因为洁癖吃了大亏。米芾很珍视他的那些收藏，他特意制作了一把银制长柄勺子。每当欣赏把玩藏品前，必让仆人舀了水滴泻洗手，洗完后两手相互拍干。有一次他刚好得了一方宝砚，自认为此砚非世间物。大概是天地秘藏，待我米芾来识别。

朋友周仁熟慕名前来观赏，他把手洗了好几遍，做出一副毕恭毕敬的姿态。于是米芾高兴地把砚台捧出来，周连声叫好："实在是难得的精品，不知道发墨如何？"米芾便叫仆人取水，但周仁熟性急，吐了一口唾沫研墨。米芾气愤极了，二话不说将砚台拱手相让。

后来周仁熟回去把这方砚台洗了又洗，给米芾还回去。米芾仍然不要，周仁熟大赚了一笔。

其实这次吃亏还是小的，他在担任太常博士的时候，奉祠太庙。他竟把祭服上的花纹给洗掉了，于是被罢了职。

不过，米芾也利用洁癖获取过一方宝砚，而且砚台的主人就是徽宗皇帝。一次徽宗召见米芾，命他在御屏上书写《周官篇》，并亲自为他备好御用端砚。写完以后，米芾突然把笔掷于地上，捧着砚台跪在徽宗脚下说："这个砚台臣已经儒染过，不能再让您使用了。"徽宗素知"米颠"的性情，闻听此言大笑，旋即答应了他的请求。米芾大喜过望，捧起砚台就跑。结果墨汁泼洒出来，浇了他一身，依然喜形于色。

当时徽宗对蔡京说："颠名不虚得也。"蔡京说："米芾人品就是高，所谓不可无一，不可有二者也"。

米芾是一个很真诚的人，古人写信在末尾会很客气地写上"再拜"

这样的字。有一次米芾写信，有人从窗户窥见他写完"再拜"两个字后，竟然真的整理衣服拜了两下。可见他的行为举止虽然奇怪，但却是天性的自然流露。

因此，米芾对朋友就显得特别真诚，他和苏轼的友谊堪称佳话。苏轼称米芾是"天下第一等人"，他们之间有着频繁地鱼雁往来。当年米芾经过扬州的时候，苏轼专门设宴。席间，米芾突然起身问："人们都说我性情癫狂，东坡先生怎么认为呢？"东坡一笑，抚着长髯说："吾从众。"可见东坡对他个性的欣赏。

建中靖国元年（1101年），被贬到海南的苏轼遇赦。他度岭北归，途中暂住于太湖边的小船上。那年夏季突然来临，而且非常炎热。苏轼饮冷过度，晚上腹泻。瘴毒并发，辗转无寐。痛苦的长夜他分外想念一位朋友，于是披衣而坐给他写信，前前后后陆续写了有9封之多。他在信中概叹道："昨夜通旦不交睫，端坐饱蚊子尔，不知今夕如何度？"米芾接到信函，星夜兼程地赶来了。并专程送来一味良药——麦门冬汤，令苏轼大为开怀。

米芾在一首诗中这样看待自己的人生，他说："柴几延毛子，明窗馆墨卿。功名皆一戏，未觉负平生。"他以一种惊世骇俗的方式离开人世。当时他已经预知自己死期将近，在他去世一个月前写信给自己的亲朋好友，把自己收藏的那些字画都烧掉。并且做好了棺材，住在了里面。去世前7天，他不吃荤，更衣沐浴。做一偈后双掌合十而永逝，偈名《临化偈》：

> 众香国中来，众香国中去。
>
> 人欲识去来，去来事如许。
>
> 天下老和尚，错入轮回路。

后人对米芾有很精彩的评论："米南宫跅弛不羁之士，喜为崖异卓鸷，惊世骇俗之行。故其书亦类其人，超轶绝尘，不践陈迹。每出新意于法度之中，而绝出笔墨畦径之外，真一代之奇迹也。"

然而，这样的一个奇迹出现在徽宗朝，总是让人感到一种末世将至的味道。

君臣遇合妓女家

徽宗是一个全能型的艺术天才，字画都可称绝，词作也是非常了得。他是个风流天子，不可能用情专一，但是对自己钟爱的女子往往又表现得一往情深。

他有个妃子刘氏，温柔贤淑，甚得徽宗欢心。不料盛年早逝，徽宗伤心不已，写了一首感人肺腑的《醉落魄》：

> 无言哽咽，看灯记得年时节，行行止止行行说。愿月常圆，休要暂时缺。
> 今年花市灯罗列，好灯怎奈人心别，人前不敢分明说。
> 不忍抬头，羞见旧时月。

乍一看来，不是痴情男儿写不出这样的词。不过千万不要受了徽宗的蒙蔽，他可不是什么痴情男儿，而是完完全全的好色之徒。他的后宫有万千佳丽供他享用，史载他"五、七日必御一处女，得御一次，即畀位号；续幸一次，进一阶。退位后，出宫女六千人"。然而纵然粉黛如云，他却喜欢到民间眠花宿柳。他经常微服私行，不为访问民间疾苦，而是要寻找不一般的感觉。

在当时的开封妓女界，李师师是头牌。即行首，色艺双绝。她出身很惨，爸爸本来是开封一个染坊里面的工匠，叫做"王寅"。她的妈妈生她的时候难产死了，她爸爸用豆浆把她喂大。奇怪的是她从不啼哭。

然后，王寅把她送到宝光寺中去消灾祈福，一位老僧问她你为什么来这里？她竟忽然大声啼哭起来，老僧摸摸她的头，她又不哭了。王寅大喜，说我这孩子真是佛门弟子。当时的风俗，凡是佛门弟子都叫师，所以她就有了"师师"这个名字。

后来她爸爸也死了，一个姓李的老鸨把她抚养大，于是人们都叫她"李师师"。

李师师那可真是风华绝代，风情万种。豆蔻年华，艳名四播。京师何人不知，谁人不晓？

在中国古代，妓女跟文学的渊源实在是太深了。李师师迷倒了不少墨客骚人，其中有秦观、晁冲之，还有周邦彦。周邦彦的词名动一时，并且还是个音乐家，如此也算是李师师的知音了。

李师师的大名传到了徽宗那里，自然是心里痒痒。于是他扮成商人，一天悄悄来到了李师师所在的镇安坊。徽宗一见到李师师那娇艳如清水出芙蓉的姿态，立刻就被勾魂，从此以后就成了李师师那的常客。

一天，徽宗来到李师师家。可周邦彦恰好在李师师这儿，周邦彦一听皇帝来了就着了慌。心想皇上来了，我跑也来不及。在这种地方君臣相见更不合适，只好赶紧躲到了床底下。

徽宗拿了一个新橙送给李师师，说："这是江南刚进贡的。"然后就在那儿与李师师卿卿我我，周邦彦在床下自然听得清清楚楚。徽宗走后，周邦彦从床底下爬出来后就填了一首《少年游》，把刚才在床底下的目睹耳闻写了进去：

　　　　并刀如水，吴盐胜雪，纤手破新橙。锦幄初温，兽烟不断，相对坐调笙。
　　　　低头问，向谁行宿？城上已三更。马滑霜浓，不如休去，直是少人行。

后来，徽宗又来会李师师，问她近来有没有新曲子唱来听听？李师师就把周邦彦填的那首词唱出来了，她一唱完，徽宗脸就变了。心想，这不都是当时李师师跟朕说的话吗？于是问这首词的作者是谁？李师师自知失言，但又不敢隐瞒，只好说是周邦彦写的。这样一来，可就给周邦彦惹祸了。

徽宗听完愠怒，抖衣拂袖，站起来就回宫了。没过几天，徽宗就对宰相蔡京说："听说开封府有个周邦彦的税官收税不足，严重失职，为什么开封府尹不报告？"蔡京见皇帝发怒，又不知所以然，想一个小小的税官怎么会让皇帝关心起来？就回答："臣立刻督促开封府尹严加查办。"然后他找来开封府尹询问，开封府尹说道："在开封府的几个税官之中周邦彦最为出色。"蔡京道："这是皇帝的意思，你就照办吧。"

于是周邦彦因为职事废弛被贬出了京城，处理完这件事后，徽宗心中高兴，便又来到李师师的家中。李师师却外出未归，一直等到初更才见李师师回来。却是玉容寂寞，珠泪盈盈。

徽宗惊问她如何这个样子，李师师直言"臣妾知道周邦彦获罪，所以前去送别，请皇上恕罪"。徽宗好奇地问："这次周邦彦又谱了什么词么？"李师师说他谱了《兰陵王》词一阕，言罢引吭而歌：

柳荫直，烟里丝丝弄碧。隋堤上，曾见几番拂水，飘绵送行色。登临望故国，谁识京华倦客。长亭路，年去岁来，应折柔条过千尺。闲寻旧踪迹，又酒趁哀弦，灯映离席。

梨花榆火催寒食，愁一剪，风快半篙波暖。回头迢递便数驿，望人在天北凄恻。恨堆积，渐别浦萦迴，津堠岑寂。斜阳冉冉春无极，记月榭携手，露桥闻笛。沈思前事似梦里，泪暗滴。

李师师一边唱，一边用红巾擦泪，特别是唱到："酒趁哀弦，灯映离席"时，几乎是歌不成声。徽宗听了，也觉凄然。他自己也是个大有慧根的人，第2天就降旨复召周邦彦为大晟府的长官大司乐。这大晟府是专管音乐的，周邦彦到了那儿也可说是恰到好处。

经此一事，反而使周邦彦天天与徽宗混在一起。填词做诗，君臣之间的关系更好了。周邦彦虽然在词史上地位很高，但是他有些词格调不高，完全就是为了迎合宋徽宗。比如下面这首《红窗迥》就是典型的淫词艳曲：

> 几日来、真个醉。不知道，窗外乱红，已深半指。花影
> 被风摇碎，拥春醒乍起。
> 有个人、生得济楚。来向耳畔，问道今朝醒未？情性
> 儿，慢腾腾地，恼得人又醉。

据说当时常去李师师那的还有一个邦彦，叫做"李邦彦"。

李邦彦本来是银匠之子，"俊爽美风姿，为文敏而工"。人长得玉树临风，文章写得行云流水。不过因为生在闾阎之间，所以自小喜欢那些鄙琐玩意儿。自号"李浪子"，做上宰相后被人称为"浪子宰相"。他没有治国安天下的能耐，却擅长把市井间的鄙俚词语编成小曲，便仗着会唱俚词和善说笑话取悦徽宗。他自称要赏尽天下花，踢尽天下球，做尽天下官，是一个不折不扣的流氓无赖子。皇后曾经说过："宰相如此，国家焉得不亡？"北宋确实已经邻近末日了。

君臣遇合，本来是古代士大夫的最高理想，就像刘备与诸葛亮那样。如鱼得水，相得益彰。可是到了徽宗这里，君臣在妓女家遇合。这真是千古奇谈，同时也是亡国征兆。

徽宗与李师师经常相会，他们相会的地点主要在开封的樊楼，当时诗人刘子翚有诗道：

梁园歌舞足风流，美酒如刀解断愁。

忆得少年多乐事，夜深灯火上樊楼。

语言很含蓄，但是说的就是徽宗嫖宿李师师的事。

后来开封沦陷，李师师失去依靠，飘零无依。《水浒传》里面说她跟好汉浪子燕青一起四海为家，过上了幸福美满的生活。这当然是美好的结局，可惜是假的。

还是这位诗人刘子翚，他的诗为我们了解师师的结局提供了一点线索：

辇毂繁华事可伤，师师垂老过湖湘。

缕衣檀板无颜色，一曲当年动帝王。

原来师师后来也南渡，流落天涯，再也没有当年那样的风光了。而徽宗流落到北国之后，据说还曾为李师师写传，难道他真是一个痴情男儿？

三、帝国中断

疯狂的石头

万岁山来穷九州，汴堤犹有万人愁。

中原自古多亡国，亡宋谁知是石头？

元代诗人郝经的这首诗告诉我们说石头导致了北宋的灭亡。

这不是一般的石头，所以要承担起亡宋的罪名。但又是无辜的石头，石头怎么会有罪呢？

石头有罪，罪在它们长得太好看了。美丽的太湖石不知迷醉了多少人，唐朝的宰相牛僧孺待之如宾友，亲之如贤哲，重之如宝石，爱之如儿孙；唐朝大诗人白居易专门写有文章《太湖石记》；另一位诗人吴融写有《太湖石歌》；宋徽宗这个有着极高艺术天赋的人，对这些石头更是疯狂地着迷。

宋徽宗刚刚登基的时候，因为要修景灵西宫，朝廷从苏杭采来太湖石46 000块，徽宗爱得不得了。等到向太后还政，他自己就肆无忌惮地玩起石头来了；除了石头以外，还有那些长得稀奇古怪的花草树木，也是徽宗的最爱。

上有所好，下必投之。蔡京在徽宗刚即位的时候被贬谪，他住在杭州，结识了后来有名的石头大王朱勔。二人一拍即合，相得甚欢。等到蔡京回到朝廷，朱勔也跟着成了朝廷命官。

蔡京知道徽宗喜欢花石，就叫朱勔先弄点浙江的珍奇花木送到朝廷。徽宗一见，爱得不得了，于是蔡京就建议他设立一个专门机构来搜集贡品。

这样历史上一个臭名昭著的机构就诞生了，即应奉局。其实更应该叫做"搜刮局"，因为它专门负责搜刮民间的那些奇花异石。而朱勔正是这个机构的负责人，所以成了名副其实的石头大王。

还有一个好听的词也成了一种罪恶的象征，即花石纲。花石纲就是运载花石的船队，10条船为一纲。

朱勔成了徽宗面前的大红人，东南的那些地方官吏他根本不放在眼里。老百姓家里有棵长得特别的花草，那就有可能遭殃。只要他看中的石头树木，就会千方百计弄到手。为了运这些石头花木，他经常征用那些运粮的船或者老百姓的商船。有些巨石大树不能从大运河运，他就取道海上。遇到狂风巨浪，往往是人船俱没。朱勔也不在乎，反正自己不在船上。

远。怅莎沼黏莹，锦屏烟合，草露泣苍藓。

东华梦，好在牙樯雕辇，画图历历曾见。落红万点孤臣泪，斜日牛羊春晚。摩双眼。看尘世，鳌宫又报鲸波浅，吟鞘拍断。便乞与娲皇，化成精卫，填不尽遗恨。

致命的诱惑

收复燕云一直是北宋君臣的梦想，但梦想终归是梦想。在实际的政治军事格局中，还得靠实力说话，按实际办事。

童贯是个宦官，但是却做到了北宋最高军事长官。他也不是完全不懂军事，但是他野心很大。他曾经用兵西北，在与西夏的战争中略占上风，于是乎飘飘然打起了辽国的主意。

此时的辽国已经处于陌路，而一个新的民族已经崛起，这就是阿骨打领导的女真。女真人原来受契丹统治，阿骨打是一位能征善战的女真英雄。他在1115年称帝，建立了金国。辽的末代皇帝天祚帝御驾亲征，但是被阿骨打击败。

这种国际政治格局的改变使得北宋一些君臣看到了收复燕云的契机，恰巧在政和元年（1111年）童贯作为使臣到了辽国，结识了辽国人马植。马植是个聪明人，他看到辽国快要灭亡了，就有意归附宋朝。他建议联金灭辽，并断言旧疆臣民一定会箪食壶浆以迎王师。徽宗大喜过望，赐以国姓。命他改名"良嗣"，参与图燕之谋。

于是宋金两国签订盟约，但在定盟约的时候，宋朝就吃了大亏。原来徽宗御笔要求得到燕京，谈判的时候宋方要求燕云十六州，金人自然不答应。赵良嗣也没有办法，只得认栽。

宣和4年（1122年），金人约宋攻辽。其时在金人追击下，辽天祚帝已逃入夹山。耶律淳被拥立为天锡皇帝，支撑着残局。

宋室很多大臣反对，但是王黼说："大宋与契丹虽说是兄弟之国，但是大宋一直受契丹要挟。这是百年国耻，不可不雪。"徽宗经不起蛊惑，决定用兵。

王黼对童贯说："太师要北伐，我愿死力帮助。"

童贯镇压了方腊，正踌躇满志。以为只要宋军北伐，耶律淳就会望风迎降，幽燕故地即可尽入王图。于是摩拳擦掌，跃跃欲试。

可是此时的宋军只能用一个字来形容，那就是"面"。结果对付辽军的一点残兵，居然使宋军数十万大军溃败千里。

覆亡在即的辽朝竟然一举击败了大宋。辽军大获全胜，宋军惨败至极。金朝在一旁冷眼观望，最后发现宋朝在军事上竟是如此不堪一击，因此他们的下一步计划已经拟定了。

金军势如破竹，先是攻下了辽的中京和西京，最后金太祖亲率大军攻克了燕京。他见宋军一再失利，因此趾高气扬，对来使赵良嗣的态度十分倨傲和强硬。赵良嗣奉命与金朝谈判履约交割的相关事宜，他明明知道金人得寸进尺意在毁约。但宋朝在军事上硬不起来，他在谈判桌上也就没了底气。

经过几次使节往来和讨价还价，金人下了最后通牒。金朝只将燕京6州24县交割给宋朝；宋朝每年除了向金朝移交原来给辽朝的50万岁币，还须补交100万贯作为燕京的代税钱。倘半月内不予答复，金朝将采取强硬行动。

宣和5年（1123年）正月，赵良嗣回朝复命，徽宗全部答应。只让他再次使金，要求归还西京。金朝乘机再向宋朝敲诈了20万两的犒军费，宋朝也一口应承。但金人最后照单收了银两，却根本不把西京交出。

4月，双方交割燕京。金军临走之际，将燕京彻底地搜刮了一遍，将财富、官吏、富户、工匠和美女劫掠一空。等到童贯来接收的时候，燕京已经成了一座空城。

尽管如此，徽宗君臣还是自我陶醉，王黼、童贯、蔡攸和赵良嗣等都作为功臣一一加官晋爵。徽宗还命人撰写《复燕云碑》来歌功颂德，似乎太祖和太宗未竟的伟业，真的由他来完成了。看看当时的诏书真的叫做把牛皮吹上了天：

> 王师顺天地之动，无战而有征；幽都望云霓之苏，克奔而弗迓。降书踵至，捷奏日闻。鼓貔貅百万之威，势如破竹；收河山九郡之险，易若振枯。悉求涂炭之伤，咸袭衣冠之盛。气振雁门之北，令行沙漠之陬。建社稷不朽之图，奋祖宗未雪之耻。

金太祖阿骨打在撤离燕京时就公开宣称，两三年里他还会回来的。不过他班师还朝之后，日夜与掠来的燕京美女交欢。精力严重透支，最终竟玩到一命呜呼。金太宗登基，继承了父亲的遗志。

宣和7年（1125年）10月，金太宗便下诏伐宋。金军以完颜杲为都元帅，其下兵分两路。完颜宗翰为左副元帅，攻太原；完颜宗望为右副元帅，攻燕京，而后两路会师宋朝都城开封。

这个时候，领枢密院事童贯以两河燕山府路宣抚使正在太原。听到金军南侵的情报，他说："我要到京城向皇上报告情况。"太原知府张孝纯说："太师不能走，太师一走，河东动摇；河北难保，京师危险。"

童贯恼羞成怒，斥责张孝纯说："我只是宣抚，要是要我来打仗，要你们那些帅臣做什么？"他连自己是最高军事长官的身份都不要了，一溜烟地跑回开封去了。

金军南侵前夕，宋朝那些大臣严密封锁消息。因为徽宗下过"不准妄言边事"的御笔，更兼郊礼在即，他们唯恐妨碍自己的推恩。直到这时，徽宗才感到事情严重。下罪己诏，数说了自己即位以来的种种不是。下令废花石纲和应奉局等弊政，要求天下官僚士庶直言时政，希望天下方镇郡县率师勤王。

不过，一切都已经晚了。

徽宗派陕西转运判官李邺使金求和，但金人不改变攻宋的既定方针。李邺徒劳而返，却长金军之威风，灭宋朝之志气。说金军"人如虎，马如龙。上山如猿，入水如獭。其势如泰山，中国如累卵"，开封军民愤然叫他"六如给事"。

这一年的腊月23日，徽宗匆忙擅位给长子赵桓，自称"教主道君太上皇帝"。声称今后除道门事外，一切不管。这年徽宗才43岁，正当年富力强之时便早早决定自我下岗。不负责任地把一副烂摊子撂给儿子，而自己却跑到江南去旅行了一趟。

赵桓即宋钦宗，几日之后就是新年。他宣布改为靖康元年（1126年），乞求能保佑国家安定太平，但这只能是他美好的梦想。

钦宗继位后，顺应民意，诛杀六贼。并任用李纲，解除京师之围，但随之又将李纲赶出了朝廷。很快金军再次兵临城下，钦宗召李纲进京。但为时已晚，李纲还在途中，京城已经陷落了。

一个经历了一个半世纪的中原王朝，被一个边地新兴王朝在一年时间内毁灭了。

泣血的哀词

据说，徽宗是李后主转世。

赵佶生于元丰5年（1082年）10月10日，那天他的爸爸神宗正在秘书省观看那里收藏的画。当看到李后主的画像时候，一见那文采风流的面孔，心中一动。这时候后宫报告说一个皇子出生了，这位皇子就是赵佶。

这是历史老人开的一个玩笑，不过这个玩笑太沉重了。美丽而残酷，如果赵佶不是皇帝，而只是像米芾那样的一个普通士人。他可以活得很潇洒，很简单，很深沉。

但他是皇帝，他是天子，所以当他再玩艺术的时候那就是轻佻。章惇说赵佶轻佻，不可以君天下，这是很有远见的。但是历史就这么过来了，这个轻佻的人当了25年皇帝，并最终将江山送给了别人。

从皇帝到阶下囚，这其中的落差怎么能够接受？宋徽宗要自杀，但是他已经没有选择死亡的权利了。

靖康2年（1127年）的4月1日，金军押着大批俘虏和战利品启程北撤。

俘虏包括宋徽宗、钦宗父子和他们所有的皇后、嫔妃、皇太子、亲王、公主、宗室、外戚、宰执和其他在京大臣、伎艺、工匠，以及娼优等各色群众，共计10余万人。

战利品包括金1 000万锭、银2 000万锭、帛1 000万匹、马10 000匹、法驾、卤簿、车辂、冠服、法物、礼器、祭器、乐器和其他文物和图书等，不可胜计。

行前金军焚烧了开封城郊的房屋，而开封城内早就形同废墟，老百姓饿死者日以万计。连一只老鼠都卖到几十文钱，人相食的惨剧也时有所见，再也找不到那些繁华景象。

开封，本来是当时世界上最为繁华的城市。《东京梦华录》里的开封和《清明上河图》里的开封，如今已成为往事。成为历史，成为遗恨，成为祭所。若干年后，一位诗人凭吊北宋故都，写下了心中的无限感慨：

万里銮舆去不还，故宫风物尚依然。

四围锦绣山河地，一片云霞洞府天。

空有遗愁生落日，可无佳气起非烟。

古来国破皆如此，谁念经营二百年。

徽钦二帝一行在北上途中历尽折磨，受尽屈辱。皇后受到随队金兵的性骚扰，离队小解的嫔妃遭到金军的强暴。

行进的路上，金军将领听说郓王赵楷的妻子朱氏和钦宗的朱慎妃吟唱得不错，就逼迫她俩为他们填词助兴。朱氏迫于威逼，只得顺从，唱了一首：

> 昔居天上兮，珠宫玉阙；今居草莽兮，青衫泪湿。屈身
> 辱志兮，恨难雪；归下泉兮，愁绝。

朱慎妃含泪而唱：

> 幼富贵兮，绮罗裳。长入宫兮，待当阳。今委顿兮，异
> 乡。命不辰兮，志不强。

唱罢二人泪下千行，泣不成声。

徽钦二帝几经流转，先是到了燕京，后来又到了中京（今天内蒙古宁城西大明城）。

建炎2年（1128年）8月，徽钦二帝被辗转押抵金上京（今内蒙古巴林左旗南）。金太宗逼他们除去袍服，朝见金朝祖庙，行献俘之礼。并且封宋徽宗为昏德公，封宋钦宗为重昏侯。这是金人对他们的嘲笑和讽刺，他们却不得不接受。

其实，受辱最深的是他们的妃嫔和宫女。她们中的一部分包括康王赵构的生母韦贤妃在内都沦为奴婢，被送进了上京洗衣院，其实就是金人开设的专供达官显贵淫乐的妓院。韦贤妃还被迫嫁给了盖天大王，还有一些被送进了元帅府女乐院，供金人淫乐。

10月的时候，金人又把他们迁往韩州（今辽宁昌图）。金人给了他们一些田，让他们自己耕种，自给自足。

建炎4年（1130年），金人又将徽钦二帝赶到偏僻荒凉的边陲小镇

五国城，就是今天的黑龙江依兰。至此徽钦二帝的漂泊生活结束，他们在离开开封之后，4年之间辗转经历了燕京—中京—上京—韩州—五国城。最后终于在五国城定居，直到去世。

徽宗走在路上的时候听到有人吹笛，勾起了他的无限哀思，于是一首词脱口而出：

玉京曾忆昔繁华，万里帝王家。琼林玉殿，朝喧弦管，暮列琵琶。

花城人去今萧索，春梦绕胡沙。家山何处，忍听羌笛，吹彻梅花。

吟完这首词他又让钦宗和词，钦宗和道：

宸传三百旧京华，仁孝自名家。一旦奸邪，倾天坼地，忍听琵琶。

如今在外多萧索，迤逦近胡沙。家邦万里，伶仃父子，向晓春花。

吟诵完了之后，父子二人抱头痛哭。

和李后主一样，沦为囚徒之后，徽宗诗词作品达到了一个新的境界。这些和着泪写的词，是这位艺术天子留给人间的最后杰作。

中国古诗词的长处在于描绘那些悲痛和沉郁的情绪，三言两语之间写得沉痛惨怛，让人读了欲哭无泪。他流传最广的一首诗是：

彻夜西风撼破扉，萧条孤馆一灯微。

家山回首三千里，目断天南无燕飞。

今天人们翻开宋词三百首，首先读到的一首《宴山亭》写得更是哀痛：

> 裁剪冰绡，轻叠数重，淡着燕脂匀注。
> 新样靓妆，艳溢香融，羞杀蕊珠宫女。
> 易得凋零，更多少无情风雨。
> 愁苦，问院落凄凉，几番春暮？
>
> 凭寄离恨重重，者双燕何曾，会人言语？
> 天遥地远，万水千山，知他故宫何处？
> 怎不思量？除梦里有时曾去。
> 无据，和梦也新来不做。

不过他对自己的人生反思，最为诚恳的还是下面这一首诗：

> 九叶鸿基一旦休，猖狂不听直臣谋。
> 甘心万里为降虏，故国悲凉玉殿秋。

他终于彻底悔悟了，从太祖开国到徽钦二帝，北宋一共经历了9个皇帝，而今毁于一旦。徽宗不听劝谏，重用奸佞，使得国家灭亡。有一回他读《新唐书·李泌传》，知道李泌为国尽忠，复兴社稷。后任宰相，被奸佞嫉恨。不知道徽宗是否是想起了李纲，他感触颇深。令大臣抄写一份，赐给韦后。

然而一切来得太晚了，如果他能在方腊起义之后就有这样的悔悟，又怎么会有今天的下场？

绍兴5年（1135年），徽宗在五国城生活了5年之后，染疾而亡。魂归道山，终年54岁。他死之后，按照当地的风俗，先被焚烧半烬。然后泼水浇灭，扔进大坑，成了当地居民的灯油原料。徽宗死后，钦宗又在北国孤独而顽强地活了20余年，最后惨死在金人铁蹄的胡乱践踏之下。5年之后，南宋的人才知道他的死讯，这就是北宋帝国最后两位皇帝的结局。

后来在高宗朝任参知政事的谢克家，写了一首极其悲凉的词《忆君王》：

依依宫柳拂宫墙，

楼殿无人春昼长，

燕子归来依旧忙。

忆君王，月破黄昏人断肠。

第四章
帝国的重建

一、中兴迷梦

高宗三惧，千古一帝

　　靖康之变终结了北宋君臣深陷迷醉的繁华，然而兴起不久的女真人并没有能力掌控整个大宋帝国。天佑大宋，给了它一个重生的机会，徽宗的第9子康王赵构走到了历史的前台。

　　赵构并非英雄人物，他只是很幸运而已。他有一个雄健大丈夫的体魄，却很不协调地包裹着一个卑怯得出奇的灵魂。当皇室的大部分成员随着徽钦二帝被掳走的时候，赵构却因为特殊的机缘巧合躲过了这一劫。他从逃离开封到登上帝位的这个过程不顺利，也不光彩。金人讽刺他是"衔命出和，已作潜身之计；提兵入卫，反为护己之资。忍视父兄，甘为俘虏"。他本来只是一个坐拥荣华富贵的亲王，很大程度上继承了徽宗的好色本性和一定程度上继承了其艺术才华。他没有远大志向，也没有非凡眼光，但是历史却选择了他。

翰林学士汪藻代皇太后所拟的手诏中说：

> 汉家之厄十世，宜光武之中兴。
> 献公之子九人，惟重耳之尚在。

这两句话天下传唱，表明赵构登基是无可争议的，并且对他充满着中兴宋室的期待。赵构成了宋高宗。作为南宋的第1位皇帝，他的身上肩负着中兴的重任，而当时的局势实际上是要他做一个开国之君所该做的工作。

明清之际的大儒王夫之说宋太祖赵匡胤是"以惧一天下"，即认为赵匡胤在建立宋朝的过程中始终存有恐惧之心。于是他要崇文抑武、收兵权、行科举，并且建立互相牵制的文官制度。而宋高宗的恐惧感恐怕比宋太祖还要强烈，历史学家王曾瑜总结宋高宗的人生，说他"始而畏惧金人的凌逼，继而担心武将的跨扈，终而害怕权臣的篡位"，可以说赵构的皇帝生涯大部分是在恐惧中度过的。

高宗是有名的逃跑皇帝，他是建炎元年（1127年）的5月1日在南京（今商丘）登基的。7月的时候他冠冕堂皇地说要"巡幸东南"，其实就是怕被金人捉住要到东南避难，并在金陵（今南京）建都。宰相李纲极力反对，高宗很快就罢了他的相位。太学生们不满意，掀起了激烈的学潮。要求留用李纲，结果高宗把领头的两名士子陈东与欧阳澈斩了。他不惜违背太祖定下的不杀士大夫的誓约，而要杀一儆百确立自己的权威，然后他就带着自己的心腹大臣黄潜善和汪伯彦逃到了扬州。

当时开封的东京留守宗泽击败了入侵的金军，乞求高宗回去。但是高宗置若罔闻，他将军国大事托付给了黄潜善和汪伯彦，自己在扬州自由自在地享乐。没想到金军很快就打了过来，建炎3年（1129年）初，金左副元帅完颜粘罕派兵奔袭扬州。朝廷收到急报，说金军前锋直抵近在咫尺的天水军（今安徽天长）。当时高宗正在扬州行宫行欢作乐，乍闻战报，心胆俱裂。遂病痿腐，从此丧失了生育能力。他慌忙地带领少数随从策马出城，仓皇渡江。

这一年是高宗的逃跑年，他先到镇江，后到杭州。金兀术渡江追击，他又从杭州逃到越州（今浙江绍兴），然后又逃到明州（浙江宁波）。腊月的时候逃到定海（今浙江镇海），进而渡海到昌国（今浙江定海）。快要到过年的时候，高宗得知金兀术将至明州。便让御舟漂泊在台州与温州间的海上，凄风苦雨，死里求生。这样的海上亡命生活长达4个月的时间，这种狼狈在中国古代皇帝史上没有先例。当时扈从的中书舍人李正民写诗为高宗解嘲说："云涛雪浪蹙天浮，隐隐征帆去未休。蛟蜃伏藏舟楫稳，将军何用说防秋。"

建炎4年（1130年）金军北撤，宋高宗从温州泛海北上回到越州。第2年改元绍兴，寓有"绍祚中兴"的意思。绍兴2年（1132年）正月，高宗把小朝廷迁回临安，南宋朝廷在江南站稳了脚跟。其后高宗虽然也短暂驻跸过建康，但那不过是做抗金的姿态而已。当然也为了表示自己不忘恢复中原，临安始终称为"行在"。

尽管在临安比较安定，但是高宗已然闻金色变，患上了严重的恐金症。所以一生主张和议，偏安一隅。他对自己的继承人孝宗告诫说："在敌胜负，在我生死。"

高宗的第2惧就是武将的跋扈。建炎3年，宋高宗逃到了杭州之后，御营司武将苗傅和刘正彦发动兵变，胁迫高宗将皇位禅让给年仅3岁的皇子赵旉，吕颐浩、张浚、韩世忠和刘光世等起兵勤王，高宗得以复辟。5月，苗和刘被韩世忠军俘获，两个月后处死。苗刘兵变可以说是给他留下了深深的刺激，宋朝本来就有着猜忌武将的传统。现在他又亲身体验了一回，对武将的猜忌就更深了。

然而他又不可能像太祖那样雍容地举行一次宴会，推杯换盏之间就拿掉武将的兵权。韩世忠、张俊、刘光世和岳飞被称为中兴四大将，他们的军队基本上都是属自己所有，所以有韩家军、张家军、刘家军和岳家军这样的说法。这些人手握重兵，高宗岂能安睡？所以岳飞的死就显得具有必然性了。杀陈东是为了树立自己的权威，杀岳飞是为了保障兵权归自己。所以岳飞死后，高宗对着大臣们兴奋地说："今兵权归朝廷，朕要易将帅。承命与奉行，与差文官无异也。"有人将岳飞之死称为"南宋的成人礼"，理虽不错，但也未免太残酷了。

高宗的第3惧是惧怕权相秦桧。秦桧本来只是高宗的一颗棋子，依靠秦桧可以有效地与金人和谈。但是当了宰相的秦桧趁机扩大自己的权力，直接威胁到高宗的权力。不过秦桧在和谈中已经和南宋的士大夫群体结下了深深的怨仇，他依然没能跳出高宗的手掌心。

绍兴24年（1154年）省试，经秦桧授意，已定其长孙秦埙第1；其门客曹冠第2；张孝祥第3。谁知到了殿试的时候，高宗打破了惯例，称赞张孝祥"议论确正，词翰爽美"。亲擢为第1，把秦埙降为第3。高宗此举，意在向专横跋扈的秦桧表明皇权是不可侵犯的。

绍兴25年（1155年）10月，秦桧知道来日无多，加紧策划让其子秦熺继承相位。秦桧虽然位极人臣，在家却是妻管严。王氏没有为他贡献子嗣，于是就把哥哥王唤的庶子领来让秦桧当做自己的儿子抚养。绍兴12年（1142年），因秦桧的关系秦熺成为科考榜眼。才6年就位至知枢密院事，立班仅在秦桧之下。秦桧两次上表请辞相位，高宗为了稳住秦桧父子，下诏不允。

这年的10月21日，高宗亲临秦府探病，这是表示对秦桧的恩宠。但实际上是为了一探秦府的虚实，病重的秦桧勉强朝服相见，高宗知道他将不久于人世。秦熺在一旁迫不及待地发问："谁来继任宰相？"高宗冷冷地说："这不是你该参与的事！"

回宫当日，高宗就命人起草秦桧父子致仕的制词。而秦桧的亲党也正准备联名上书，准备让秦熺当宰相。第一天，高宗宣布秦桧晋封建康郡王，秦熺升为少师同时致仕，秦桧之孙秦埙与秦堪一并免官。秦桧得知一门皆被罢，当夜就一命呜呼。

秦桧一死，普天同庆，万象更新。高宗憋屈了10多年，终于长吁了一口气。他对亲近说"朕今日始免得这膝裤中带匕首"，可见平日里他对秦桧惧怕之深。

宋高宗在位36年，其实只有在秦桧死后，度过了大约三四年舒心快意且百事不愁的光阴。在退位后的绝大部分时间里，在某种意义上可说是宋高宗一生最幸福的阶段。

宋高宗的性格形象在历史上显得五光十色，有很多难以理解的举动。倘若我们仔细分析一下他的出身和遭际，尤其是他的恐惧心理，我们就很能理解他的那些令人寒心，甚至令人发指的举措。帝气和奴气集于一身的他，使得整个南宋王朝都带有这种色彩。缔造在这种恐惧心理之上的南宋帝国，其走向也必然是艰辛而坎坷，甚至是畸形和变态。

宋人说"自秦汉以来一百三十六帝，惟梁武帝得八十三岁，本朝高宗圣算登八十一"，梁武帝"狼狈而死，又何足贵耶"！只有宋高宗"五福兼全，独过八旬之寿，自秦汉以来，一人而已"。在宋高宗之后，清高宗乾隆皇帝享寿在他之上。但当太上皇的时间比他短得多，没有享受到那么多不问政务的清福。如此说来，他也算得上"千古一帝"了。

天日昭昭，天日昭昭

岳飞和秦桧，一个是民族英雄；一个是奸臣巨恶，这种形象将永远被定格在中国人的历史记忆中。

也有人试图为秦桧翻案，岳飞也曾遭到指责，比如当华夏一统之后岳飞还能称为民族英雄吗？

历史上从来就没有简单的善与恶，但是人类的文明始终需要坚持一个底线，比如忠贞、善良和向往自由都是亘古不变的优秀品格。

我们只有回到当时的历史情境中去，才能真正理解一个民族的文化选择与价值判断。

绍兴10年（1140年），完颜宗弼率领大军南下，遭到了宋军的顽强抵抗。名将刘锜在顺昌（今安徽阜阳）以少胜多，大败金军。战败的完颜宗弼得知为数不多的岳家军驻扎在郾城，而且是孤军深入，没有后援。于是率着大军直扑郾城，想将岳家军一举消灭。

这是金军的精锐之师，拐子马凶悍异常，只是他们遇到的是岳飞。岳飞亲自出马，运用巧妙的战术打得金军大败。

完颜宗弼说，我自出兵以来，从来没有过这种惨败。

金军中流传一句话："撼山易，撼岳家军难。"金军将士纷纷来降，就连金军大将韩常都表示愿率5万将士内附。

胜利的岳飞信心满怀："直捣黄龙，与诸君痛饮。"

金兀术率部来援，但是遭到岳家军沉重打击。金兀术把10万大军驻扎在开封西南45里的朱仙镇，岳家军前哨500铁骑与他们稍一交锋，金军就崩溃了。

北方义军纷纷响应，大河南北捷报频传。

然而有两个人很不高兴，即赵构和秦桧。秦桧让人上书说岳飞此时出兵难成大事，他又亲自对赵构说："岳飞孤军深入，不班师则凶险莫测。"其实不光是让岳飞班师，韩世忠、刘锜和张俊都奉命后撤。

岳飞真正陷入了孤军深入的局面，高宗又连下12道金牌令岳飞撤军。有人说岳飞是历史上得金牌最多的人，只是这种金牌，太过于荒唐。岳飞愤然泪下，他朝着东京方向拜了几拜，长叹道："十年之功，毁于一旦。"

岳飞班师，老百姓拦着他的马头，哭诉着说他们盼星星盼月亮地盼着朝廷的军队来。他们为官军运送粮草，为的就是能够重新回到宋朝的怀抱。

岳飞立马长叹，将朝廷的诏书拿给百姓看，百姓看了诏书哭声震野。

社稷江山，难以中兴；乾坤世界，无由再复。

靖康耻，犹未雪。臣子恨，何时灭？

岳飞带着满腔的悲痛回到了临安，等待着他的却是千古奇冤。

岳飞的不幸在于他是大宋子民，这个高度发达的文治帝国中，对朝廷的忠贞是最高的美德。他没得选择，因为赵构代表着朝廷，代表着国家，他必须尽忠。

倘若他生在五代，他完全可以大干一场。横扫华北，一统中原。然后挥师南下，完全有可能混一宇内。即便不成功，也不失为一代枭雄，然而文治帝国中没有枭雄。

尽管将士们浴血奋战，两国仍在和谈。完颜宗弼对秦桧说："必杀岳飞，然后和谈可成。"而高宗也正在完成重建帝国的一项重要工作，即收兵权。

当岳飞归来的那一刻，他就注定必死无疑；同样处在危险之中的还有韩世忠。张浚也是名列中兴四大将，但是他已经跟秦桧勾结在一起。韩世忠幸运地拥有岳飞这样一个朋友,当张浚和秦桧企图诬陷韩世忠的时候，岳飞及早地将信息告诉了韩世忠。韩世忠急忙面见高宗，陈述自己的忠心。高宗念他在苗刘兵变的时候护驾有功，就保全了他。

岳飞却自身难保，绍兴11年7月，秦桧死党万俟卨弹劾岳飞。张浚在秦桧的指使下诬陷岳飞的爱将张宪，说张宪与岳飞串通谋反。

高宗下旨特设诏狱审理岳飞一案。

10月的时候，岳飞父子被关进了大理寺狱。御史中丞何铸负责审理，受审中的岳飞脱去上衣，露出"精忠报国"4个字。何铸未获一丝反状，他向秦桧力辩岳飞是无辜的。

秦桧无言以对，最后说："这是皇帝的旨意。"

何铸是个有骨气的人，他说："强敌未灭，无故杀一大将将会使得人心尽失，国将不国。"

秦桧很不高兴，他让万俟卨去审理。万俟卨不负所托，严刑逼供。

意图屈打成招，但是最终没有使岳飞屈服。

就在这样的情况下，岳飞、岳云，还有张宪依旧被杀害了。韩世忠当面诘问秦桧，岳飞谋反证据何在？秦桧支吾，说："莫须有。"韩世忠愤怒地说："莫须有三字，何以服天下？"

但是秦桧的妻子王氏却说："放虎易，擒虎难。"

绍兴11年12月29日，公元1142年1月27日，高宗亲自下旨，岳飞以毒酒赐死，张宪和岳云依照军法斩首。

在此前一个月，宋金双方签订了绍兴和议。宋朝皇帝对金朝皇帝称臣，宋朝割地赔款。

暂且先不说这个和议到底对宋朝有怎样的影响，须知正是岳飞及其将士的浴血奋战，方才使得金军不敢肆意妄为，于是才有签订和议的可能。现在和议达成了之后，为这个和议立下功劳的人反倒被处决了。

岳飞是大宋的忠臣，也是民族的英雄。他顺天应民，救老百姓于水火之中；他智勇双全，一支神兵使得敌军闻风丧胆；他忠君爱国，手握重兵却依然忠心耿耿。所以他不愧为千古名将，万世军神。

而秦桧为一己之私，甘心做赵构的走狗。置民族大义于不顾，一意和谈，构陷忠良。赵构要杀岳飞，因为他是皇帝。要收兵权，驾驭诸将，杀一儆百。而秦桧饱读诗书，仅仅为了巩固自己的相位，而出卖了自己的良心。他们合谋的后果就是南宋永远偏安在那东南一隅，君臣自己钩心斗角，整个国家丧失了前进的机会。

岳飞的词作《满江红》家喻户晓，他的另一篇文章也应该千秋流传，因为这篇题为《五岳祠盟记》的文章更能表明他的内心：

近中原版荡，金贼长驱，如入无人之境；将帅无能，不及长城之壮。余发愤河朔，起自相台。总发从军，小大历二百余战。虽未及远涉夷荒，讨荡巢穴，亦且快国仇之万一。今又提一垒孤军，振起宜兴。建康之城，一举而复。

贼拥入江，仓皇宵遁，所恨不能匹马不回耳！

今且休兵养卒，蓄锐待敌。如或朝廷见念，赐予器甲，
使之完备；颁降功赏，使人蒙恩。即当深入虏庭，缚贼主。
蹀血马前，尽屠夷种；迎二圣复还京师，取故地再上版籍。
他时过此，勒功金石，岂不快哉！此心一发，天地知之，知
我者知之。

建炎四年六月望日，河朔岳飞书。

天地知之，知我者知之，岳侯之心天下百代万民皆知之。

数百年来，岳王坟前，秦桧、张浚、万俟卨和王氏永远地跪在那
里。历史宣判岳飞是清白的，是伟大的。而秦桧等人对岳飞，也是对这
个民族犯下了不可饶恕的罪行。

当年岳飞身受酷刑，但是毫不屈服，他在狱案上曾经写下这样几个
大字：

天日昭昭，天日昭昭。

社稷得人，中兴气象

绍兴和议之后，高宗以为从此太平无事。临安的生活醉生梦死，直
把杭州作汴州。可惜，金主完颜亮的南侵打破了他的和平美梦。在他打
算再次到南方"旅游"的时候，宋军将士的顽强抵抗却赢得了一个胜利
局面。

高宗的投降政策遭到了事实的讽刺，于是他对宰相说自己老了，要
退休了。他把太祖的七世孙赵昚立为皇太子，然后禅位给他。自己做太
上皇，而且一做就是25年。

赵昚即位，为宋孝宗。他是南宋最有雄心壮志的一位君主，时时刻刻想着恢复故土。南宋君主多平庸，唯有孝宗一人鹤立鸡群。在他未登基之时岳飞称赞道"社稷得人"，《宋史》称赞他"卓然为南宋诸帝之首"。即位后他声称"我家有不共戴天之仇，朕不及身图之，其谁任其责？"

登基后的第2个月，他就为岳飞冤案平反，朝野人心为之一振。主战派官员受到重用，其中最核心的人物就是张浚。

高宗对孝宗说："张浚这个人徒有虚名，将来一定会坏事。"但是孝宗的决心很坚定，他说张浚就是朕的长城，没有人能够撼动朕的决心。

隆兴元年（1163年），在孝宗的坚定支持下，张浚出师北伐。率兵8万，号称20万，一路由李显忠指挥取灵璧；一路由邵宏渊率领攻打虹县。李显忠是一名骁将，战斗力极强，很快就攻克灵璧；邵宏渊将才一般，久攻不下，最后在李显忠帮助下才拿下虹县。但是邵宏渊是一个争强好胜的人，他觉得李显忠抢了自己的功，又因为一些小事对李显忠有怨气。在李显忠攻打宿州的时候，邵宏渊按兵不动。李显忠独自苦战，最终不得不率师而退，宋军全线崩溃。

这一仗史称"符离之败"，因为宿州曾经被叫做"符离"。符离之败后果严重，"国家平日所积兵材，扫地无余"。南宋的主和派迅速发出责难，张浚不得已辞职，孝宗北伐的雄心受到沉重打击。而太上皇又是主和派的后台，因此最终屈从于主和派，南宋与金签订了隆兴和议。

对于宋来说，隆兴和议比绍兴和议稍微强一点。即宋金约为叔侄之国，这样南宋皇帝不用向金国皇帝称臣。但是称侄子也是一件让人很不爽的事情，特别是当金朝的皇帝在自己还小的时候，那就太让人觉得憋屈了。所以后来金国21岁的金章宗即位的时候，63岁的宋孝宗就禅位给了自己的儿子光宗，自己当起了太上皇，好在这已经是隆兴和议20多年后的事情了。

从南宋帝国发展的历史轨迹来看，隆兴和议就像是北宋的澶渊之盟一样，保障了两国之间的长久和平。不过隆兴和议维持的和平时间较短，只有40多年，这40多年是南宋社会发展最好的一个时期。

宋孝宗在此之后没有忘记要恢复故地，他求贤若渴，不拘一格；主张法治，曾说"国有宪法，朕不敢废"；鼓励生产，以农为本，并且"以富民为先，民富则国自强"。他的勤俭也和高宗的奢华形成了鲜明的对比。他常常感叹功业不如唐太宗，富庶不如汉文景。他的勤政在南宋皇帝中首屈一指，他所为的就是要恢复中原，洗雪国耻。富民强国，天下太平。

但是很不幸，他所处的时代环境让他没有恢复的机会。

首先，金朝此时是金世宗统治。《金史》说世宗久典外郡，明祸乱绿故，知吏治得失。南北讲和，与民休息。孜孜求治，得为君之道。上下相安，家给人足，号称"小尧舜"。金世宗在位的时间是1161年—1189年，孝宗在位的时间是1162年—1189年，二人在位时间几乎重叠，棋逢对手，无机可乘。

其次，他没有遇到能够跟他一起撑起大局的人物。他继承的是高宗留下的烂摊子，"谋臣猛将凋丧略尽"。张浚在隆兴2年（1164年）死去，他是一个志大才疏的人。在遗嘱中说我曾经当了宰相，却不能恢复中原。死后不配葬在祖宗墓旁，就葬在衡山下吧；另外一位忠臣虞允文有着经天纬地的才能，不过也很快就去世了。至于孝宗任用的其他宰相，都是些庸人。

还有，宋高宗尽管当了太上皇，但是他也不是老老实实颐养天年不问朝政。隔三差五他就要去告诫孝宗一下，说什么金人打不得。对金人来说，打仗只是胜败的事情；对于宋朝来说，打仗就是关系到生死存亡的事情，要打仗就等他死了之后再说吧。

孝宗孝宗，以孝闻名，怎能不听太上皇的话呢？那就等太上皇死了之后再说吧。可是等了20多年，太上皇终于死了。而孝宗已经老了，精力不济，雄心不再，两年之后他也退休了。

后人对高宗和孝宗这两朝有着很精辟的总结：

> 高宗之朝，有恢复之臣，而无恢复之君；
> 孝宗之朝，有恢复之君，而无恢复之臣。

历史就是这样让人觉得无奈。

但是南宋有了孝宗，也才有了个宋朝的样子。他的举动打破了高宗时代那种压抑的局面，社会呈现出一种生机勃勃的画面。孝宗给了很多有志之士一种希望，觉得国事可为，最典型的就是南宋大儒朱熹。

孝宗驾崩之后，朱熹写了一首很长的悼念诗：

> 精一传心妙，文明抚运昌。乾坤归独御，日月要重光。
> 不值亡胡岁，何由复汉疆？遽移丹极仗，便上白云乡。
> 九有哀同切，孤臣泪特滂。诇因逢舜日，曾得厕周行？
> 但忆彤墀引，频趋黼坐旁。衮华叨假宠，缟素识通丧。
> 似有盐梅契，还嗟贝锦伤。戴盆惊委照，增秩待行香。
> 手疏摅丹悃，衡程发皂囊。神心应斗转，巽令亟风扬。
> 未答隆儒厚，俄闻脱屣忙。此生知永已，没世恨空长。
> 内难开新主，遄归立右厢。因山方惨澹，去国又怆惶。
> 疾病今如许，形骸可自量！报恩宁复日？忍死续残章。

他在这首诗的序言中说"默念平生仰孤恩遇，无路补报。感激涕泗，不能自已"，历史学家余英时认为他"得孝宗知遇的经过，也就是他一生与政治的关系"。

从南宋150年的历史来看，孝宗时代的淳熙之治是最值得怀念的一个时代。不光是经济发展，社会协调，更重要的是呈现出一种中兴的气象。这种气象就像是北宋庆历之后士大夫精神的那种勃兴，给人以美好的希望。

二、书生报国

一代伟人李纲

李纲是中国历史上的一个悲剧人物，他的才能可以和诸葛亮、谢安及郭子仪相提并论。在大厦将倾的时候，他是最能够力挽狂澜的人物，可惜终其一生不能得到重用。

当年钦宗与金人议和，他因为主战，于是一贬再贬。等到开封被围，钦宗追悔莫及。急忙召他回来，可惜为时已晚。

赵构登基，而大局未定。朝野上下一片呼声，要求重用李纲，真可以称得上是天下苍生望李纲。赵构登基之前，迫于时局给李纲写信。说国难当头，只有你这样的旷世奇才才可以救民于水火。

赵构最大的缺陷就是在用人上，他首先用的就是自己的亲信黄潜善和汪伯彦。这俩人才能平庸，只知道一味求和。他们说李纲喜欢用兵，恐怕金人不高兴。

赵构这一次没听他们的，幸好没听他们的，所以李纲才有了一次施展才能的机会。李纲在建炎元年（1127年）6月1日到了应天府，他希望高宗能够振作起来，像个真正的男人那样去战斗。

李纲知道要获得高宗的信任是很难的，所以他见到高宗之后和高宗谈及国事。直说到痛哭流涕，高宗还真被感动了。

李纲又说自己才能有限，不足以任宰相。而且一旦当了宰相，金人肯定厌恶他，所以这个宰相他不能当。足见李纲对当时自己所面临的困难有清醒的认识，他知道因为主战会有很多人嫉恨他。

赵构见他辞职，慌忙挽留。于是李纲上书提出10条施政纲领，如果高宗同意，他就就任；否则自己不当这个宰相，这是模仿唐明皇任用姚崇时候的故事。

赵构答应了，李纲终于有了机会。他抓紧时机，果断行动。

首先，他提出一系列军事计划。即在河北设立招抚使，河东设经制使。选择有才略的大将充任，负责谋划收复河北和河东失地。

接着他举荐老臣宗泽留守东京，高宗本来不喜欢宗泽，让他去当青州知州。但是李纲说恢复旧都非宗泽不可，最后高宗答应了。其实东京留守是当时最危险的官职，宗泽抱定鞠躬尽瘁死而后已的精神毅然上任。人们常说老将宗泽，其实宗泽是典型的文官。进士出身，宦海沉浮，一度打算读书著述终老一生。为了国家，他最后以身殉职，是名垂青史的民族英雄。

高宗始终是个没骨气的男人，他时不时就说自己要巡幸东南，李纲坚决抵制。他要求严惩那些开封城中投降的官员，尤其是伪楚皇帝张邦昌。张邦昌是按照金人的意旨立的傀儡皇帝，本来应该是十恶不赦。但是高宗不敢得罪金人，所以还很优待他。最终在李纲的强烈要求下，张邦昌被降职流放。

李纲反复向高宗述说坚持抗战的道理，他曾经在一首词中写道：

喜迁莺（真宗幸澶渊）

边城寒早。恣骄虏、远牧甘泉丰草。铁马嘶风，毡裘凌雪，坐使一方云扰。庙堂折冲无策，欲幸坤维江表。叱群议，赖寇公力挽，亲行天讨。

缥缈。銮辂动，霓旌龙旆，遥指澶渊道。日照金戈，云随黄伞，径渡大河清晓。六军万姓呼舞，箭发狄酋难保。虏情慑，誓书来，从此年年修好。

在这首词里，李纲举本朝宰相寇准力排众议，奉真宗"亲行天讨"的故事。劝赵构仿效真宗，以武力将来犯之敌驱逐出去。这首境界开阔的词主要是想对高宗讲明一个道理："只有用武力对金人构成威慑，才能够达成两国之间的和平局面。"

但是高宗已经对李纲厌烦了，黄潜善和汪伯彦也极力诋毁李纲。8月，李纲升为左相，黄潜善替补右相，汪伯彦进知枢密院事，从而对李纲形成钳制之势。

当时，两河军民自发建立山水寨以保卫家乡，抗击金军。李纲命张所为河北西路招抚使，傅亮为河东经制使，前往联络收复失地。黄和汪要撤销张所的招抚司和傅亮的经制司，葬送两河抗金的大好形势。李纲据理力争，但高宗偏袒黄和汪，御批同意。黄潜善让自己引荐的御史张浚弹劾李纲，李纲愤而辞职。高宗虚情假意挽留一番，便将其罢相。

李纲为相前后才75天时间，但是他有长远的战略眼光和务实的精神。他提出了很多有效的方针政策，他的举措也使得当时飘摇不定的南宋王朝初具规模。他是真正有大才的人物，南宋最大的大儒朱熹称赞他是"一代伟人"。

李纲罢相激起正直人士的愤慨，太学生陈东应召刚到应天府。据说他此行带着自己的棺木，决心舍身成仁。听到李纲罢相，他毫无畏惧地两次上书，希望高宗尽早罢黜黄和汪，认为"欲复中原，以定大计，非用李纲不可"。还正告高宗不应即位，责问他日后钦宗归来，不知何以自处；另一个布衣士子欧阳澈也上书指责高宗"宫禁宠乐"（即沉湎女色）。

8月25日，陈东与欧阳澈被斩于应天府东市。陈东42岁，欧阳澈仅31岁。高宗此举已经让天下士子寒心，尽管他很快就假惺惺地表示了痛悔。

李纲罢相之后，继续遭到迫害和打击。他甚至被流放到了荒凉的海南岛，过了一年多才被允许返回福建家中。后来他曾经担任地方大员，但从未消沉，而是时刻关注时政。他不断上书高宗，劝他放弃苟且偷安之心。要力图恢复，实现宋室中兴，可是高宗君臣完全听不进去。

李纲把自己的满腔热血只能贯注在诗词之中，他的词作是南渡词人

第四章　帝国的重建

中的杰出代表。以文为词，大气豪放。读来令人感触颇深，比如下面这首词便足以流传千古：

苏武令

塞上风高，渔阳秋早。惆怅翠华音杳。驿使空驰，征鸿归尽，不寄双龙消耗。念白衣、金殿除恩，归黄阁、未成图报。

谁信我，致主丹衷，伤时多故，未作救民方召。调鼎为霖，登坛作将，燕然即须平扫。拥精兵十万，横行沙漠，奉迎天表。

高宗在位的30多年里，有的宰相罢而复用，但是李纲自此之后再也没有起用过。壮志难酬，晚年的李纲在一首诗中抒发自己内心壮志难酬的愤懑：

回头睇中原，郡国半沙漠。

犬羊污宫殿，蛇豕穴城郭。

畴能挽天河，一洗氛祲恶。

我生多艰虞，久矣衰病作。

绍兴10年，李纲去世，享年58岁。文人薛弼在祭文中写道："志大则难行，才大则难用，谋大则难合，功大则难成。自古在昔，以是为喟。公亦如尔，非天尔耶。"

李纲逝世后高宗竟然没有赐予他谥号，可见其对李纲的嫌忌有多深。李纲死后50年，孝宗赠给其"忠定"的谥号，算是给了他一个名分。但是谁能想到，那个最为李纲所不齿的汪伯彦的谥号竟然也是"忠定"。

千载一人虞允文

绍兴和议之后，宋高宗以为宋金两国自此之后就会相安无事。于是做起了天下太平的美梦。而金主海陵王完颜亮的南侵将他的梦击得粉碎。

完颜亮在金史上是个野心勃勃的人物，他靠篡位登上了皇帝的宝座，是金国的第4位皇帝。在他篡位之前，他为自己的人生确立了3个目标，一是"国家大事皆自我出"，就是说要当皇帝；二是"帅师伐远，执其君长问罪于前"，即灭掉南宋；三是"得天下绝色而妻之"，可见他是个十足的好色之徒。

正隆4年（1159年），完颜亮阅览使节带回的临安山水图，就题诗画屏道：

万里车书一混同，江南岂有别疆封？

提兵百万西湖侧，立马吴山第一峰。

这首诗表现出他意欲追踪秦始皇的豪迈气概，他要一统天下，成为全天下之主。他为此而积极准备，先是将都城迁到中都，就是今天的北京。然后又营建汴京，意图将政治重心南移，为南征做准备。

而此时的宋高宗依然优哉游哉，宋使向他报告说金人正在营建汴京。准备南侵，他自欺欺人地说那是在营建行宫吧。

绍兴30年（1160年）正月的时候，金使施宜生赴宋贺正。他原是福建士人，以暗喻向宋使传达情报道："今日北风甚劲。"唯恐对方不解，取笔扣案说："笔来，笔来！"以谐"必来"之音。施宜生北返，因此被烹死，为故国献出了自己的生命。

宋使一再密奏，宋高宗终于同意让宰相陈康伯备战。

很快完颜亮率大军南下，宋廷仓促应战。

金军分3路进发，其中直逼淮南的是由完颜亮亲自统帅的主力军。而南宋负责这一带军事的是刘锜和王权，刘锜措置淮东；王权措置淮西。王权一听完颜亮大军渡淮，就望风而逃。放弃庐州，由和州（今安徽和县）一带渡过长江。由于王权不战而退，刘锜虽是名将，但是在淮东难以孤军撑持。只得退师渡江，驻守镇江。金军实际上已控制两淮，饮马长江。

逃跑皇帝宋高宗听到王权败退江南的军报，第1个念头就是逃跑，他想再次航海避敌。他给陈康伯下了"如敌未退，放散百官"的手诏，陈康伯断然焚烧了御批。理由是既不能执行，又不能私留，并苦口劝谏道："百官一散，主势即孤。"高宗这才与陈康伯考虑对策。

11月的时候，完颜亮率大军到达了长江北岸，准备从采石矶渡江。采石矶在今天安徽马鞍山市西南边，突兀江中。绝壁临空，扼据大江要冲。水流湍急，地势险要，自古为兵家必争之地。而金军一旦渡江，则南宋危亡。

南宋朝廷命令成闵代替刘锜，李显忠代替王权，刘锜和王权都被召回。中书舍人虞允文以参谋军事的身份前往芜湖迎接李显忠，并犒劳军队。当时王权的军队还在采石，虞允文到了采石之后王权已去，李显忠未来，敌骑充斥。南宋军队三五星散，解鞍束甲，坐在道旁。都是王权的败兵残将，毫无斗志。

沧海横流，方显英雄本色。这位绍兴24年（1154年）的进士，一个以文学入仕的文臣，一个从未领兵打仗的儒生，在此危急情况下迅速决断。他认为坐待李显忠就会误了国事，于是立即招来诸将，勉以忠义。

虞允文对将士们说："金帛和告命都在这里，只待有功之人来领取。"那些将士本来都是热血男儿，只是因为主将王权的畏缩而群龙无首，失去斗志。此刻既然有人号召，纷纷表示："今既有主，请死战。"

有人对虞允文说："公受命犒师，不受命督战。他人坏之，公任其咎乎？"虞允文怒叱："危及社稷，吾将安避？"豪言壮语激起将士们的战斗豪情，军心大振。

果不其然，虞允文刚刚部署好军队，完颜亮的大军就乘着百艘战船浩浩荡荡地驶过江来。并很快登陆，宋军往后稍稍退却。

白马书生虞允文驰入阵中，抚着将领时俊的背说："汝胆略闻四方，立阵后则儿女子尔。"时俊深受激励，立刻挥双刀出战，其他士兵也是与金军殊死搏斗。中流的宋军用海鳅船冲击敌人，敌人半死半战，到了日暮时分还没有退却。

恰好在这个时候，有一支溃军从光州过来。虞允文授以旗鼓，让他们从山后转出。金军怀疑宋军的援兵到了，于是开始逃跑。虞允文趁机命劲弓尾击追射，大败金军。未死在江上的敌兵都被暴戾的完颜亮给敲死了，不然其怒气无处宣泄。

此战告捷，虞允文犒劳将士。对他们说敌人今天败了，明天一定会再来。夜半时分，虞允文命部分将士在杨林口设伏。第2天金军果然来了，宋军两面夹击，烧了金军300艘战船。金军逃回，宋军再次告捷。

不久之后金军拿着诏书来宣谕王权，好像他们之前有约定。虞允文明白这是敌人的反间计，于是回信一封：

权已置典宪，新将李世辅也，愿一战以决雌雄。

完颜亮得到回信后大怒，斩了梁汉臣和两个造船的人。然后就直驱瓜洲，梁汉臣是之前让完颜亮渡江的人。

采石大战之后李显忠才赶来，虞允文料定完颜亮会到瓜洲。他从李显忠那里分兵16 000，前往镇江。

镇江原来是由老将刘锜防守，那时候，刘锜已经病得不能起床了。虞允文到了镇江，先去探望刘锜。刘锜躺在床上，紧紧拉着虞允文的手，心情沉重地说："国家养兵30年，没有立过一点战功。想不到立大功的还得靠您这位书生，我们当将军的实在太惭愧了。"虞允文安慰

他一阵，就回到军营之中。

他命令水军在江边演习，宋军制造了一批车船，由兵士驾驶在江边的金山周围巡逻。金兵打了几次败仗都害怕作战，于是有些将士暗地里商量逃走。

完颜亮在进退无路的条件下，孤注一掷，命令金军3天内全部渡江南侵；否则一律处死。隔岸的宋军刚打了胜仗，士气高涨，严阵以待。金军强渡无望，而完颜亮一贯用法苛严，使金军将士进退两难。他们得知完颜雍已在辽阳称帝，并废完颜亮为庶人。便也思变，完颜元宜率军杀死了完颜亮。

12月初，金军退走，宋军乘机收复两淮地区。之后金世宗为了稳定内部，派人到南宋议和，宋金战争又暂时停了下来。

一世枭雄完颜亮，最后竟败在一位书生手中。

采石之战，使得宋朝度过了危急时刻。毛泽东读到这段历史，评论虞允文说：

壮哉虞公，千载一人。

宋之苏武洪皓

他本来只是一个小人物，只是一名普通的读书人。然而在那个激荡的历史年代，他的身上演绎了最为悲壮的故事。

洪皓，这是一个并不太为人熟悉的名字。但是笔者相信，所有读完他的故事的人都会深深地感动。

建炎3年（1129年），高宗被金兵追得很狼狈，他要派个使臣去跟金人议和。宰相举荐了洪皓，于是高宗召见他。

当时他正在家中为父亲守孝，匆忙换了衣服来见高宗。高宗先把他夸了一番，然后让他担任使臣。洪皓二话没说，一口应承。于是他被官升5级，被提拔为徽猷阁侍制兼代理礼部尚书。充任大金通问使，以通问徽钦二帝的名义去商议和谈的事情。

这是一次悲壮的出行，他的家中有着老母。最大的儿子只有13岁，其他的子女更是年幼。前行的道路上随时都会毙命，然而他义无反顾。

经历了一番辗转，期间还被金军扣留近一年，他终于见到了金军主帅粘罕。粘罕拒绝了他归还二帝的请求，让他去金国的傀儡政权伪齐刘豫那里去做官。

洪皓说："我恨不得杀了刘豫，被扣留是死，不做伪齐的官员也是死，那就现在把我杀了吧。"

粘罕大怒，下令将其处死。洪皓神色泰然，毫无畏惧。粘罕手下一部将为之动容，跪下向粘罕求情。粘罕免了洪皓一死，却把他流放到了冷山。

冷山是个气候寒冷的地方，十分荒凉。4月草发芽，8月雪连天。他在这里结识了金朝陈王完颜希尹，完颜希尹知道洪皓才华出众，希望为己所用。他知道洪皓不会轻易屈服，就想通过艰苦的物质生活折服他。

两年的时间里，完颜希尹没有为洪皓提供食物。洪皓在盛夏的时候穿着厚厚的粗布衣裳；冬天大雪纷飞，他四处拣马粪生火，煮点面食充饥。洪皓没有屈服于困难，而完颜希尹却被他折服。他请洪皓教自己的8个儿子，甚至许多军国大事也向他请教。

完颜希尹想打四川，洪皓全力反对，最后完颜希尹竟被说服。完颜希尹要南侵，他说自己的力量可以使海水干涸。洪皓说兵如火，玩多了会引火自焚。完颜希尹说不要以为金人不敢杀你，洪皓说我没有完成使命，应该以死报国，完颜希尹拿他没有办法。

他曾经策划逃跑，但是没有成功。他心中挂念宋朝，徽宗病逝。他写了情真意切的祭文，金朝的北宋旧臣们读了泪流满面。他还派人去燕山为徽宗做道场，为徽宗超度。

他身在金营心在宋，他千方百计地得到了高宗生母韦太后的亲笔书信，派人送给高宗。高宗10多年没见到母亲，见信后大喜，下令褒奖洪皓的几个儿子。

他暗中搜集军事情报，绍兴10年（1140年），刘锜在顺昌大败金军。洪皓说这一仗打得金人失魂落魄，他们把燕山的珠宝都运往北方，其实是准备放弃燕山以南的地方。应该趁势而上，坚决北伐，可是高宗和秦桧置之不理。

洪皓得知岳飞被害，捶胸顿足。他派人给高宗带去信说这是亲者痛，仇者快。金人最怕岳飞，称他为"岳爷爷"。现在岳飞死了，金朝将领饮酒相贺，欢喜万分，高宗和秦桧仍然置之不理。

绍兴13年（1143年），金朝皇帝熙宗喜得皇子。大赦天下，洪皓被允许返宋。洪皓立即起程，金人考虑再三，觉得洪皓人才难得。一旦归国，必定与金朝作对。洪皓抢先出发，燕京守将高吉祥敬重洪皓。为他变换牒文，让其顺利南行。

这里上演了最为扣人心弦的一幕，洪皓马不停蹄地往南跑。金人派了7匹快马追赶，到了淮水边上，只看到洪皓乘船离去的身影。金兵失望而归，洪皓回到了日思夜想的故国。

从建炎3年（1129）到绍兴13年，洪皓在异国一共漂泊了15年。15年里，他历经磨难，九死一生。但从来没有忘记自己的祖国，没有忘记自己的使命。无论是威逼，还是利诱，他从来没有屈服过。当他回国之后，高宗赞他忠贯日月。将他比作汉代出使匈奴的苏武，还让他去见从金国放回的韦太后。

韦太后以超常规待遇接见了他，本来按惯例，应该在宫殿之内设帘子，让洪皓在帘子外面与韦太后说话。韦太后说洪尚书和自己是故人，故而撤帘相见。

然而回国之后的种种礼遇并非意味着洪皓能被重用，要知道此时当政的是奸相秦桧。洪皓对秦桧说，岳飞之死是亲者痛仇者快的大错事。

他说眼下皇上暂住杭州，为什么把宫殿和太庙修得这么富丽堂皇？岂不是向世人表示恢复无望？

秦桧很受不了他，让他去担任闲职。洪皓没有屈服，他讽刺秦桧是奸细。他问秦桧是否记得室燃，秦桧脸色大变。原来，秦桧曾经帮金人写过招降书，金军中有个叫室燃的小官知道这件事。秦桧的老底被揭穿，他无法忍受。所以他就指挥自己的党羽找了很多借口弹劾洪皓，最后洪皓被贬到了饶州。

但是秦桧没有就此罢休，饶州的地方官也是秦桧党羽。于是洪皓又遭攻击，被贬到英州（广东英德）。但是还没有结束，最后是一贬再贬，被贬到了南雄州（今广东南雄）。

洪皓遭贬，是因为他坚持不懈地批评秦桧的妥协政策，揭露秦桧的虚伪嘴脸。因此得到了很多仁人志士的钦佩，在士大夫中间广受赞誉。著名士人张九成说："洪皓被金人囚禁十几年，历经艰险，大义凛然。秦桧挟私怨以害忠良，他日必定天地难容。"

洪皓始终坚持自己的抗金立场，他在被贬期间将自己在金朝的见闻讲给自己的儿子听。之前他在金朝对所见所闻偶有记录，但是在归来途中担心被发现连累无辜，于是将书稿焚毁。他要把自己的经历告诉儿子，但是当时高宗和秦桧严禁私史，所以也无法记录。

秦桧死后他的儿子整理他的遗稿，并根据记忆整理洪皓所做的口述史，编成一书——《松漠纪闻》。书成之后，广为流传，为当时南宋人了解金朝提供了极大地帮助。

绍兴25年（1155年），洪皓在悲愤中病逝。他去世的第2天，秦桧也死了。

后来，秦桧的跪像永久地立在岳王坟前。而洪皓呢，后人在他墓前写了这样一副对联：

> 身窜冷山，万死竟回苏武节。
>
> 魂依葛岭，千秋长傍鄂王坟。

三、乱世文心

长沟流月去无声

"洛中八俊"这个说法出自南宋著名诗人楼钥的《跋朱岩壑鹤赋及送阊丘使君诗》。很可惜虽说是八俊，但是他只道出了3个人的名字，剩下的5俊是谁我们也无从知晓。不过光看这三俊，就已经知道这是怎样的一个群体了。

这三俊分别是"诗俊"陈与义，名臣陈希亮的后人；"词俊"朱敦儒，字岩壑；"文俊"富直柔，大名鼎鼎的宰相富弼的孙子。3人都是一时奇才。朱敦儒生于1081年；富直柔生于1084年；陈与义生于1090年，年龄相差不到10岁。他们都在繁华的洛阳城中度过了自己的青春岁月，那真是一段美好并值得回味的时光。

朱敦儒是其中最狂放的一位，他在词作《鹧鸪天·西都作》中写道：

> 我是清都山水郎，天教分付与疏狂。曾批给雨支风券，
> 累上留云借月章。
> 诗万首，酒千觞。几曾着眼看侯王。玉楼金阙慵归去，
> 且插梅花醉洛阳。

西都就是指洛阳，他给自己封了一个官职叫做"清都山水郎"。清都指的是天庭，说自己在天庭做了个管名山大川的官，而自己的放浪形骸且狂放不羁那是老天的安排。他的权力还真大，批的券是给雨支风，连风雨都由他支配。而且他还经常给玉皇大帝上个奏章，要他留点云彩或借个月亮。可是他这个山水郎很懒散，金楼玉阙也不想回去，就插着梅花在洛阳城里喝得大醉。

这是他们的洛阳生活，很美好，很洒脱，很烂漫。但是在他们人到中年的时候，靖康之难的战火却将他们抛入了漂泊的难民潮中。他们在仓皇逃窜的时候，却不能不回忆起当年的生活。陈与义是诗人，但是他的下面这首词绝对是经典中的经典，与苏东坡的词在一个级别之上：

> 忆昔午桥桥上饮，坐中多是豪英。长沟流月去无声，杏花疏影里，吹笛到天明。
> 二十余年如一梦，此身虽在堪惊。闲登小阁看新晴，古今多少事，渔唱起三更。

曾经他们在洛阳的午桥上喝酒，坐中的豪英应该包括八俊在内，可是一切就像是一场梦一样。陈与义感叹"古今多少事"，却不是我们熟悉的那句"都付笑谈中"。而是"渔唱起三更"，都成了半夜时分渔夫的歌声。

陈与义和富直柔都是文人，但同时也是朝廷重臣。南渡之后，他们都位列宰辅。陈与义最后还当了副宰相——参知政事，"唯师用道德以辅朝廷，务尊主威而振纲纪"；富直柔当了同知枢密院事，这也是副宰相级别的军事长官，他们还极力引荐朱敦儒。

朱敦儒本来是无意为官的人，但是国难当头，他忧伤痛愤，他在词中写道：

> 金陵城上西楼，倚清秋，万里夕阳垂地大江流。
> 中原乱，簪缨散，几时收？试倩悲风吹泪过扬州。

亡国之痛使得他转变了人生态度，终于应了朝廷征召到临安赴任，当了兵部郎中等官职。

但是在高宗和秦桧屈膝求和不思抵抗的情形之下，英雄无用武之

地。当时，丞相赵鼎在朝廷放言："人多谓中原有可图之势，宜便进兵，恐他时咎今日之失机。"高宗说："今梓宫与太后及渊圣皆未还，若不与金议和，则无可还之理。"

赵鼎的意思是，多数人主张打回汴京，收复中原。若不如此，恐怕将来因失去机会而受到追究。而高宗则认为，二帝被掳，连同太后、嫔妃和宫女都在金人手里。若不议和，恐难于返回。

陈与义听了之后，赞成丞相的用兵，反对高宗的议和。便婉转地说："若和议成，岂不贤于用兵；万一无成，则用兵必不免。"高宗曰："然。"从道理上以为陈与义的话很对，但事实上他甘心于偏安江左，以求苟延残喘。

陈与义看出高宗无意收复中原，很是失望，便以病托词退职。朝廷复以资政殿学士（授予罢政宰相的职衔）知湖州，加提举临安洞霄宫（在今杭州余杭西南，宋代凡执宰大臣去位者，皆以提举洞霄宫系衔）。绍兴8年（1138年）11月陈与义病逝，终年49岁。

此时的朱敦儒也只能在词中感叹自己"有奇才，无用处"，他不禁悲愤怒号：

　　　　放船千里凌波去，略为吴山留顾。云屯水府，涛随神女，九江东注。北客翩然，壮心偏感，年华将暮。念伊、嵩旧隐，巢、由故友，南柯梦，遽如许！
　　　　回首妖氛未扫，问人间，英雄何处？奇谋报国，可怜无用，尘昏白羽。铁锁横江，锦帆冲浪，孙郎良苦。但愁敲桂棹，悲吟梁父，泪流如雨。

救亡有志，报国无门，这是他们3人共同的悲剧所在。富直柔尽管也当了宰辅高官，但是很快遭到秦桧的排挤。最后也被提举临安洞霄宫，退居二线，无法再过问朝政大事。只能是徜徉山泽，放意吟咏，与苏迟及叶梦得诸人游。以寿终于家，享年73岁。

楼钥说朱敦儒"肮脏不偶，终以退休"，这里的"肮脏"读作kǎngzǎng，是高亢刚直的意思；"不偶"是不遇的意思，是说朱敦儒刚直不阿，敢于仗义执言。不遇于世，最后也只得退休。

经历了宦海沉浮的朱敦儒，在晚年对功名事业彻底失望，词作进入了人生的第3个阶段。如果说早年是放浪不羁，中年是漂泊忧愤，晚年就是逍遥自在。他在《好事近·渔父词》中写道：

> 摇首出红尘，醒醉更无时节。活计绿蓑青笠，惯披霜冲雪。
> 晚来风定钓丝闲，上下是新月。千里水天一色，看孤鸿明灭。

这完全就是一副寻云弄水不问世事的态度，他的另一首《苏幕遮》将这种心态展现得更加明显：

> 瘦仙人，穷活计。不养丹砂，不肯参同契。两顿家餐三觉睡，闭著门儿，不管人闲事。
> 又经年，知几岁。老屋穿空，幸有天遮蔽，不饮香醪常似醉。白鹤飞来，笑我颠颠地。

他完全用口语来表达，说自己"两顿家餐三觉睡"，情绪极为消极，这是在偏安时代一个有志之士的最终心灵归宿。

朱敦儒的词作完整地展现了他的一生，心态的变化处处带着时代的烙印。3人之中他活得最久，卒于秦桧之后，又在高宗退位之前。他的晚年心态代表着南宋前30年的时代压抑，种种压抑终于要结束了，一个崭新的时代即将开始。

天教憔悴瘦芳姿

这一次,上苍错爱了一个女人。

李清照,齐州章丘（今山东章丘明水镇）人。她的父亲李格非,出自韩琦门下。官拜礼部员外郎（相当于礼部的三把手）,并且是"苏门后四学士"之首,为仕为文为学均擅胜场。她的母亲王氏是少年状元王拱辰之孙女,"亦善文"且"工词翰"。仕宦之家,真正的书香门第。再加上开明的父母,使得其他人都在烧水煮饭或刺绣女红的时候,李清照却可以"蹴罢秋千,起来慵整纤纤手","争渡,争渡,惊起一滩鸥鹭"。

在那个时代,婚姻是一个女子一生中最大的冒险。父母之命,媒妁之言。在她将自己的身子和余生的全部幸福交付时,她甚至还未曾见过那个"受领者"的容颜。而李清照,则无疑是这次冒险中大大的赢家。她的阿郎是赵明诚,为赵挺之（礼部侍郎,李清照和赵明诚完婚几年后便官拜为相）的幼子。太学生,前途不可限量。更可贵的是,她的爱郎和她有共同的爱好——文学和金石学,这在那个时代是何等的不易!

"每逢初一十五,明诚都请假和我一同出来。我们当衣换钱,一起去大相国寺。买碑文和果品,然后回家。边吃果品边展玩碑文,就像古帝葛天氏的臣民一般恬静快乐。"

……

"有人欲售徐熙《牡丹图》,要价二十万钱,这个价格就是贵家子弟也不一定有啊。我们把它留了两天,可是实在是筹不到这么多钱,只能又还给了他。这让我们惋惜且怅然了好多天。"

……

"我天生记性比较好,每次吃完饭,坐回堂前烹茶。

我便指着堆积的书和史，猜某个典故在哪本书的哪卷哪页哪行。和明诚打赌，中的话就我先喝茶；不中的话就他先喝。我中了时往往举着茶盏大笑，反倒弄得茶泼了一身，没法喝茶和起身了。"

……

美好的家庭，幸福的生活。人生如此，夫复何求？不知李清照在当时，是否暗暗地感激过上苍对她的眷顾？可是不论她感激过与否，上苍的眷顾都未在这里止歇。因为上苍并不是要让她成为一个幸福的女人，而是要她成为一个伟大的女人，成为一个时代兴衰的见证人。

两宋的交际。

这一次，兴衰的交替将交由这个女人来镌写。

她只是一个喜欢玩耍和安逸的小贵妇，为什么这次偏偏选上了她？气冲山河的阿瞒不在，沉郁入圣的工部不在，灵性而单纯的她被选择去面对这绮梦的幻灭和霖霆的冷雨。

"余性偶强记"，当她暗暗自得的说出这句话时，当她凭着自己天生的好记性和明诚赌书欢笑弄翻茶盏时，她是否想过这天生的好记性或许是冥冥中天意的安排？安排她用这好记性去记住今后那一幕幕不堪睹视的未来？

"建炎丁未春三月，奔太夫人丧南来。既长物不能尽载，乃先去书之重大印本者，又去画之多幅者，又去古器之无款识者，后又去书之监本者。画之平常者，器之重大者。"

"十二月，金人陷青州。凡所谓十余屋者，已皆为煨烬矣。"

"冬十二月，金人陷洪州，遂尽委弃。所谓连舻渡江之书，又散为云烟矣。"

"后官军收叛卒，取去，闻尽入故李将军家。所谓岿然独存者，无虑十去五六矣。"

"在会稽，卜居土民钟氏舍。忽一夕，穴壁负五簏去……所谓岿然独存者，乃十去其七八。"

如果说人的幸福和思念可以凝聚在物中的话，李清照和赵明诚一起收集和检校的那些书文及皿器无疑便是他们幸福的载体。质衣换钱，共坐家中就着果品展玩碑帖；烹茶赌书，大笑间分不清墨香耶，茶香耶……太多的美好回忆寄托在这些物什之中。可是国破家亡，随着金人"陷青州"和"陷洪州"，这些物什被不断地委弃，正如李清照那不断塌陷的美好生活。而当"岿然独存者"也只剩十之二、三时，李清照也早已做别了先逝的丈夫，变得孤苦无依。

她经历了异族入侵，经历了他人构陷，经历了至爱早逝，经历了邻人欺窃，可是上苍似乎觉得这还不够。绍兴2年（1132年）夏，李清照又再次经历了一场不幸的婚姻。原本以为在困苦凄惶中终于找到了一个聊以自慰的温暖火堆，可当她走近前时才发现那原来是彻骨的冷水，她的新郎张汝舟原来真正想要的是她珍贵的收藏。当年秋，她在不堪欺骗与毒打中决然地选择了"离婚"。至此，她的生活被撕扯的彻底成为一片狼藉。

乱世，总要有极富才情的人来为之演绎。他们有的像曹孟德，气冲河汉。自负为时代的引领者，舞起苍凉罡风；有的像杜工部，脩习砥砺。自愿为时代的承担者，留下沉郁的浩叹。而李清照，却是一个时代的遭受者。她从未想过重整乾坤，致君尧舜。虽然她从小就有着不俗的气魄和胸襟，可是说到底她只是一个热爱辞赋和生活的小女人。她是两宋交际之刻的一位被动的记录者，她的诗词文赋更多是关涉于自己的感受和生活。可是正是在她如芳华般美好的生活被铁马和冰雨打得破碎零落中，这些飘落在泥水中的片片花瓣却逐渐郁积发酵成了醇冽的酒，个人的单纯美好已发酵成了时代的凄苦和呛烈。

"寻寻觅觅，冷冷清清，凄凄惨惨戚戚"——这是一个经历了繁华绮梦和乱世冷雨的妇人的悲切。她在诉说自己，可是又有谁从中体会不到这个妇人身上折射出的整个世事的离乱兴衰呢？

"九万里风鹏正举，风休住，蓬舟吹取三山去。"——这是一个乱世中文人的激昂豪迈。她在抒发着自己的意兴，可是我们又有谁会将这激昂豪迈单单理解为一个个人的感情抒发而感受不到一个人身后一个民族在委屈与打压中蓄积与升华的精神？

她的体会是属于自己的，但是作为一个极具才情的人，作为一个切身感受过国破与家亡，以及乱世间展现的冷暖炎凉的人，她的体会又超越于自身，代表着一个时代。

两宋的交际，有着太多的风云际会。本可谱写出一片大义，辛辣的辛词"稼轩体"，便为罹患的南宋谱写了壮士的烈歌和悲情。可是两宋的这个交际却偏偏选择了李清照，于是我们尝到了青涩的酒，味道苦冽而清醇。

人生至悲，莫过于终其一生未尝过欢笑滋味；人生至痛，则莫过于从极乐骤然跌至苦悲。两宋交际的人便多会体验到后者，而这些体验过后者的人中，又尤以那些才情卓越且灵觉最为敏锐者痛苦最甚。上苍何其不公，将这样一个率性单纯，而又才情"逼近前辈"的女子置于这样一个时代？而上苍又何其慷慨，借李清照之手，给了世人一个了解别样（女子式）的凄苦乱世的机会？易安居士，业已香销玉殒千个春秋。可是她留下的那份酒气至今犹烈，幸耶，非耶？

平生忠义只心知

绍兴7年（1137年），也就是南宋建立10年之后，在中兴四将的努力下捷报频传，战场形势大为好转。宋高宗认为自己的宝座总算是安稳

了。本来这是趁机恢复的大好机会，然而对于患有恐金症的赵构来说，这只是一个求和的大好机会。

秦桧当了枢密使，这一年的9月，高宗派出王伦以奉迎徽宗帝后梓宫使的名义赴金求和。金朝开出的条件是南宋称臣纳币，而以归还帝后的棺木作为交换。

高宗下了议和的最终决定，10月，主守的宰相赵鼎被罢。11月，主战的枢密副使王庶被罢，主和的秦桧一人独相。

绍兴8年（1138年）11月，金朝的"诏谕江南使"张通古与宋使王伦南来。按规定宋高宗必须跪拜金使，奉表称臣。宋高宗冠冕堂皇地表示只要百姓安乐，不惜屈己就和。

一时间百官群情激奋，抗议的奏章雪片般呈送上来。其中态度最为激烈的是枢密院编修官胡铨，他在奏章中说：

> 臣备员枢属，义不与桧等共戴天。区区之心，愿断三人头。竿之藁街，然后羁留虏使。责以无礼，徐兴问罪之师，则三军之士不战而气自倍。不然，臣有赴东海而死尔，宁能处小朝廷求活邪！

胡铨对高宗的求和政策严厉斥责："夫天下者祖宗之天下也，陛下所居之位，祖宗之位也。奈何以祖宗之天下为金虏之天下，以祖宗之位为金虏藩臣之位！"对高宗的行径深表不耻："陛下尚不觉悟，竭民膏血而不恤，忘国大仇而不报。含垢忍耻，举天下而臣之甘心焉。就令虏决可和，尽如伦议，天下后世谓陛下何如主？"其措辞之严厉恐怕是古代奏章中绝无仅有。

他希望高宗能够振作起来，斩3个人的头，一个是奸相秦桧，二是秦桧的亲信孙近，还有一个就是求和的使臣王伦。

这就是著名的"斩桧书"，犹如一把利剑，直刺那些苟安偷生之辈。

胡铨的行为获得了正直人士的同情和支持，同为枢密院编修官的吴师古连夜将此刻板印行，临安官民传诵如风。此事让宋高宗非常难堪，秦桧更是惧恐交加，以"狂妄上书，语多凶悖，意在鼓众，劫持朝廷"之罪革去胡铨官职。吴师古则因此而被贬至袁州（今江西宜春），并且"永不昨应奉"。一位铁骨铮铮的江南才子从此在历史舞台上难觅踪迹，时隔不久，吴师古在郁郁寡欢中客死他乡。

胡铨没能让宋高宗挺直脊梁，却使金人闻之丧胆。金人听说此事后，急忙用千金求购此书。读后君臣大惊失色，连连称"南朝有人"和"中国不可轻"。

胡铨被革职，流放昭州（今广西平乐）编管。后因御史台及谏官多出面为胡铨吟冤叫屈，秦桧迫于公论只好对胡铨从轻处置，将他降至边远的广州盐仓编管。

他遭到进一步迫害，贬至福州。秦桧又指使爪牙诬陷诽谤，将他除名，再由福州押送至新州（今广东新兴县）编管。

闻此消息，著名词人张元干，不惧艰险毅然前来相送。

张元干是条铁骨铮铮的汉子，靖康之难时，他曾被大宋力主抗金的主帅李纲辟为幕僚，主持京城的防务。张元干那时意气风发，与李纲一起运筹帷幄，一心想的是收复失地还我河山。然而李纲是宋朝当政时间最短的宰相，在位仅有75天便被贬谪海南。张元干有感于李纲罢相，愤然赋词为李纲鸣不平。结果自然不难设想，秦桧一声令下："革去官职，永不录用"。

绍兴8年（1138年）冬，奸臣秦桧及孙近等筹划与金议和并向金营纳贡。李纲坚决反对，张元干闻之怒不可遏。写《再次前韵即事》诗痛斥秦桧及孙近等主和卖国之权奸为"群羊"，表达自己请缨无路之悲愤：

太一游行遍九宫，世间无地可宽容。

坤维莫傍剑门阁，衡岳何依天柱峰。

睨柱傥能回赵壁，思鲈安用过吴松。

群羊竞语遽如计，欲息兵戈气甚浓。

李纲在福州上疏反对朝廷议和卖国，张元干得知李纲上书事，又写了《贺新郎·寄李伯纪丞相》：

曳杖危楼去，斗垂天，沧波万顷，月流烟渚。扫尽浮云风不定，未放扁舟夜渡。宿雁落、寒芦深处。怅望关河空吊影，正人间鼻息鸣鼍鼓。谁伴我，醉中舞。

十年一梦扬州路，倚高寒、愁生故国，气吞骄虏。要斩楼兰三尺剑，遗恨琵琶旧语。谩暗涩铜华尘土。唤取谪仙平章看，过苕溪尚许垂纶否？风浩荡，欲飞举。

其中抒发了"气吞骄虏"的壮志和对权臣所谓"欲息干戈"的义愤，对李纲坚决主战并反对议和的行动表示敬仰和支持。希望李纲东山再起，收复失地，重整朝纲，劝诫统治者要吸取前朝遗恨。词写得慷慨悲凉，感人至深，成为千古名篇。

张元干和胡铨在福州会面，当晚旧友相见，心情激荡。共同的志向，一样惨淡的境遇。英雄怜英雄，惺惺惜惺惺。比胡铨年长11岁的张元干奋笔成书，写《贺新郎·送胡邦衡待制赴新州》一首赠送胡铨：

梦绕神州路，怅秋风、连营画角，故宫离黍。底事昆仑倾砥柱。九地黄流乱注，聚万落，千村狐兔。天意从来高难问，况人情，老易悲如许。

更南浦，送君去，凉生岸柳催残暑。耿斜河，疏星淡月，断云微度，万里江山知何处。回首对床夜语，雁不到，书成谁与。目尽青天怀今古，肯儿曹，恩怨相尔汝。举大白，听金缕。

两人赠诗后洒泪告别，后秦桧得知，立刻将张元干削籍下狱。一位早已辞官隐居故里的侠义之士，就这样因正义与友情而惨遭迫害。

胡铨到了新州，同乡左迪功郎王廷珪不畏"势位赫奕"的秦桧，挺身而出，写诗赠胡铨，诗曰：

其一

囊封初上九重关，是日清都虎豹闲。
右群动容观奏牍，几人回首愧朝班。
名高北斗星辰上，身堕南州樟海间。
岂待他年公议出，汉廷行召贾生还。

其二

大厦原非一木支，欲将独力柱倾危。
痴儿不了官中事，男子要为天下奇。
当日奸谀皆胆落，平生忠义只心知。
端能饱吃新州饭，在此江山足扶持。

这两首诗热情地赞颂了胡铨不畏强暴的英勇精神，痛斥秦桧的投降卖国罪行。诗传出后影响很大，秦桧恨之入骨，将王廷珪加罪名"坐以谤讪"流放辰州（今湖南沅陵）。

这群忠肝义胆之人，他们是大宋真正的脊梁。胡铨、吴师古、李纲、张元干和王廷珪等人用自己的生命和信仰谱写了一曲豪迈的悲歌，他们之间的友情建立在一介士大夫修身齐国儒家思想的基础上。在他们的心中，有一个名字比生命更重要，那就是大宋；有一份信仰比什么信仰都坚定，那就是气节，他们是真正的英雄。

第五章
文明的巅峰

一、文学圣殿

南宋中兴四诗人

南宋在政治军事上始终没有得到突破，然而在文化艺术上却取得了超越北宋的成就。

1120年—1150年这30年是北宋灭亡和南宋建立的一个时代，这30年中出生的人物在南宋中叶登上历史舞台。他们出生在战火纷飞之中，背负着国耻家仇。并且在南宋初期那偏安的环境中成长起来，内心总是怀着复杂的沉痛。

北宋中叶可以被称之为巨人的时代，大师巨子辈出；南宋中叶也是这样一个时代，名家辈出，他们的哲学思想、艺术审美，以及生活方式对后宋时代的中国影响深远。可以说中国古代社会正是在南宋中叶走向

了文明的巅峰。

我们首先来了解一下南宋的4位诗人，他们被称为"中兴四大诗人"或者"南宋四大家"。他们的生年相差不大，都生于靖康元年（1126年）前后。陆游最大，生于1125年；范成大次之，生于1126年；尤袤和杨万里均生于1127年。这4个人不仅相识，而且相互推崇，是难得的好朋友。而他们的诗歌又各有特色，自成风格。

陆游：最高产且最有成就的诗人

如果要评选我国古代十大诗人的话，陆游必然会名列其中。同时人们也常说，陆游是我国现有存诗最多的诗人。这里有个问题，陆游究竟写了多少诗？陆游自己说是"六十年间万首诗"。现在人们看到的《剑南诗稿》中存有9 220首，已经很接近10 000首了，那么没有诗作比他更多的诗人吗？

仅就诗的数目来说，清朝的乾隆皇帝诗比他要多得多。他的御制诗集收了41 800首，这也是他在位的60年间写的。这俩人都活得很长，陆游活了86岁，乾隆活了88岁，所以产量都很高。但是乾隆皇帝实在称不上是一个诗人，他写了这么多诗，没有一首为人传唱，也没有一句脍炙人口。所以很大程度上是浪费纸张，题在一些风景名胜处还涉嫌破坏文物。

陆游就不一样了，他是南宋诗坛的领袖，他的诗作千古传唱。一些诗句，比如"山重水复疑无路，柳暗花明又一村"和"小楼一夜听春雨，深巷明朝卖杏花"都脍炙人口且家喻户晓，是人类文明的精华。

陆游是大才子，但是他在科考的道路上很不顺利。他参加考试的时候，他的成绩是第1，可是排在第2的是那奸相秦桧的孙子秦埙。而他自己又是主战的，所以很不幸，被秦大人给除名了。最后在秦桧死了之后，高宗赐给他一个进士出身。

陆游是痴情男，但是在爱情道路上也是很不幸。他与表妹唐婉之间的爱情是为人们所熟知的悲剧，"红酥手、黄藤酒，满城春色宫墙柳"唱得让人心碎。

陆游是伟丈夫，位卑未敢忘忧国，但是南宋这个时代让所有的大才子大英雄都显得很悲情。国家不幸诗家幸，但究竟是幸还是不幸呢？陆游一生主张恢复中原，在诗词中大声呐喊，"死去元知万事空，但悲不见九州同"，他的遗憾是整个南宋时代有志之士的遗憾。

陆游留在历史上的只是那充满着炙热情感的诗句，不过，这已经足够了。对于一个诗人，我们还能要求什么呢？更何况，他写诗还是那么地勤勉。

杨万里：理学家兼诗人

杨万里本人既是诗人，又是理学家。他号"诚斋"，就是因为服膺理学的缘故，理学家是最喜欢讲"诚"的。理学跟诗歌往往显得势不两立，文学批评家往往认为诗歌的头号敌人就是理学，他们觉得理学会扼杀一个人活泼的情感和心灵。但是在宋代理学家中，往往又有很多有名的诗人。像最有名的理学家朱熹的诗作在宋代诗林中也相当出色，所以理学和诗歌并非不可兼得。杨万里是朱熹外的另一个典型。

杨万里留存下来的词作也不少，有4 000多首，不过据说其总共写的诗有20 000余首。当然这也得益于他的勤勉和高寿，他活了80岁。陆游的诗主要是关心国事，杨万里的诗则主要关心自然风物。他的诗作生活气息很浓郁，笔下的草木虫鱼鸟兽往往都具有灵性，充满生机。由此可见理学是真正地发自他的内心，而非装出来的假道学。

他最为脍炙人口的句子是"小荷才露尖尖角，早有蜻蜓立上头"，但是这首题为《小池》的诗前两句往往为人们所遗忘：

泉眼无声惜细流，树阴照水爱晴柔。

这两句也是写得温柔可爱，可惜显得文绉绉的。不像后面两句来得那么自然，所以往往被人们忘记。

范成大：田园诗的集大成者

范成大是个有大担当的人物，孝宗乾道6年（1170年），他奉命使金。其使命是废掉跪拜受书礼，因为这实在有损国格。这一去那可真称得上是九死一生，最终也没达到目的。不过他的表现倒是大义凛然，朝野上下一致赞扬。

他也是坚定的主战派，又加上这作为使臣的亲身经历，所以有首诗写得特别真实沉痛：

> 州桥南北是天街，父老年年等驾回。
>
> 忍泪失声询使者，几时真有六军来？

范成大在历史上的功业还是比较卓著的，他曾经担任封疆大吏，特别是对蜀地的治理为后人所称道。官至参知政事，即副宰相。但是因为与孝宗意见相左，仅仅当了两个月就辞官而去。后来就隐居在石湖，人称"范石湖"。

壮志难酬是一件很不幸的事情，但是幸运的是，不能立功还可以立言，隐居后的范成大在田园诗上取得了斐然的成就。钱钟书先生说他是集田园诗之大成，确实是不刊之论。

中国古代的田园诗有多个种类，比如《诗经·七月》里面说农民很辛苦，一年到头在劳作，这当然是很真实的；二是陶渊明所写的《归田园居》之类的作品，歌颂田园美好风光和自由生活。这也可以理解，不过说多了就以为农村真有那么好，其实真正想当农民的恐怕没几个；三是像元稹写的《田园词》之类的诗歌，批判农村的剥削制度，这样关心民间疾苦也是诗人应该具有的品格。

范成大这人伟大之处在于他把这3种诗融为一体，"使脱离现实的田园诗有了泥土和血汗的气息"。写得真真切切，其代表作就是《四时田园杂兴》60首。比如下面这首写农家辛劳的诗也写得生动有趣：

> 昼出耘田夜绩麻，村庄儿女各当家。
> 童孙未解供耕织，也傍桑阴学种瓜。

而以下这首诗写田园风光，但是也透漏出农事繁忙的信息：

> 梅子金黄杏子肥，麦花雪白菜花稀。
> 日长篱落无人过，唯有蜻蜓蛱蝶飞。

至于这一首诗那就是强烈地控诉了：

> 租船满载候开仓，粒粒如珠白似霜。
> 不惜两钏输一斛，尚赢糠核饱儿郎！

读这3首诗可以管窥范成大田园诗的全貌了。

尤袤：不幸的诗人

尤袤这人名气最小，很少有人听说过他。但在当时他是很有名气的，不然怎么能和陆、杨及范这3人并称呢？可惜，他的诗作在一次大火中被烧掉了，残存的几首诗作没有太多特色。对于一个诗人来说，还有比这更不幸的吗？且读他的一首诗：

落梅

梁溪西畔小桥东，落叶纷纷水映红。

五夜客愁花片里，一年春事角声中。

歌残玉树人何在？舞破山香曲未终。

却忆孤山醉归路，马蹄香雪衬东风。

除了是诗人外，尤袤还是一位负有盛名的藏书家，我们在下面会进一步了解他。

悲剧英雄辛弃疾

辛弃疾是位英雄词人，而且就他的人生来讲，他首先是位英雄；其次才是词人。然而为人们所熟悉的是他首先是位词人，很少有人了解他的英雄心态与英雄行为。

"家本秦人真将种"，辛氏家族源出自西北，祖上出过不少骁将猛士。而辛弃疾出生在金人统治下的济南府，他相貌端庄，形体魁梧，是十足的山东大汉。他的爷爷辛赞给他取了"弃疾"这个名字，很容易让我们想起另一个名字——霍去病。没错，辛赞就是希望自己的孙子以后能像西汉名将霍去病那样攘除金人，还我河山。

绍兴31年（1161年），金主完颜亮大举南侵。中原百姓本来深受压迫，此举更加重了他们的负担，增强了他们的反抗心理。于是纷纷揭竿而起，一时间屯聚蜂起。

此时辛赞已经去世两年了，辛弃疾怀着爷爷的遗愿毅然起兵，召集了部众2 000余人。当时义军中有一支是由耿京领导的，势力很大。耿京很有威望，自任天平军节度使，辛弃疾便投到他的帐下。因为辛弃疾很有文才，耿京就让他担任了掌书记。负责书檄文告工作，辛弃疾便开始劝说耿京投奔南宋。

当时有一位叫做"义端"的和尚也集合了一支队伍，辛弃疾和他相识，于是劝说其投到耿京的军中。谁知义端这个人心术不正，有一天他忽然从义军的军营中逃跑了，并且窃走了由辛弃疾保管的节度使印。

耿京大怒，因为义端是辛弃疾引荐的。而且平时与辛弃疾联系密切，所以拿辛弃疾问罪，军法从事。

辛弃疾后悔自己识人不明，他对耿京说："请给我三天时间，如果到时我抓不到义端，再斩我不迟。"

他一路策马扬鞭，紧追而去。终于在3日内将义端截获，义端苦苦哀求："我识君真相，乃青兕也。力能杀人，幸勿杀我。"

义端和尚说辛弃疾是青兕变的，青兕是指犀牛，足见辛弃疾的勇猛。不过辛弃疾疾恶如仇，最恨这般卖友求荣、寡廉鲜耻且贪生怕死之辈。他手起剑落，义端人头落地。辛弃疾将其提还军营，交给耿京。

耿京惊喜万分，被这位能文能武的血性男儿所打动。从此以后对他器重有加，并决定归附南宋，派辛弃疾到南宋去商谈。

辛弃疾在建康受到了赵构的亲切会见，并由朝廷给耿京和辛弃疾正式授予官职。然后辛弃疾回山东复命，就在他走到海州的时候，一个不幸的消息传来，耿京被杀了。

杀死耿京的人叫"张安国"，本来是耿京的部下，却投降了金人。

辛弃疾心情悲痛，头脑却很清醒。他当机立断，率领数十人，轻骑突袭。直入数万金营，趁其不备，生擒张安国。然后马不停蹄，渡淮过江。直抵临安，将叛贼张安国交与朝廷，斩首于市。

一时间朝野轰动，"壮声英概，懦士为之兴起，圣天子一见三叹息"。辛弃疾的名字在临安城中迅速传开，家喻户晓。

这一年辛弃疾23岁。

这是辛弃疾人生中最值得骄傲的一次，若干年后他在词中写道：

鹧鸪天

壮岁旌旗拥万夫，锦襜突骑渡江初。

燕兵夜娖银胡䩮，汉箭朝飞金仆姑。

追往事，叹今吾，春风不染白髭须。

却将万字平戎策，换得东家种树书。

　　这首词是辛稼轩第2次被罢官住在信州城北的带湖时写的，他自称这首词是"有客慨然谈功名，因追念少年时事戏作"。辛稼轩一腔的热情，在怯懦的偏安朝廷中遇到的是冰冷的回应。那本是值得自豪的往事，如今只能增添他的悲痛和愤慨，让人扼腕。

　　到南宋那一天开始，就是他英雄事业的结束，是他悲剧人生的开始。赵构召见了他，也为他的英雄行径所打动，但是不会重用他。义军被解散，安置在淮南各州县的流民中生活。而他本人被任命为江阴金判，一个地方助理小吏。

　　在刚归来的日子里，他热情洋溢。向朝廷上书，写了著名的《美芹十论》，但符离兵败之后的朝廷根本没有勇气接受他的主张。他又写《九议》献给自己最为敬重的宰相虞允文，依然没有受到重视。

　　此后他又担任滁州知州、仓部郎官和江西提点刑狱，并在江西将赖文正领导的茶商军起义扑灭了。为朝廷建了大功，其才能受到朝廷的肯定和赞扬。然而他的复国大计从来都被置若罔闻，他在词中抒发自己的郁郁之情："郁孤台下清江水，中间多少行人泪！西北望长安，可怜无数山！青山遮不住，毕竟东流去。江晚正愁余，山深闻鹧鸪。"

　　也不能说朝廷完全没有重用他，其也曾担任经湖北路转运使、江西安抚使和荆湖南路安抚使等封疆大吏。他在任上认真负责，奋发有为。历遍楚山川，申诉民间疾苦，整顿湖南乡社。并且建置湖南飞虎军，功勋卓著。

　　但是现实最终对辛弃疾是严酷的。他虽有出色的才干。但是他的豪迈倔强的性格和执著北伐的热情，却使其难以在畏缩，而又圆滑且嫉贤妒能的官场上立足。

在朝廷看来，他只是一个"归正人"，这个尴尬的身份也阻拦了其仕途的发展。他一生曾经遭到9次弹劾，弹劾的直接后果是被降级免职，无从事功，累及家人。作为"归正人"的辛弃疾，只能在无可奈何中接受命运的安排，蹉跎着原本壮岁可为之岁月。

在他43岁至52岁的时候，对于一个政治家和军事家来说，这正是黄金岁月。可是他却在信州闲退10年。然后又被启用。不是到前线，而是任福建提点刑狱和安抚使等官职。没几年，又让他闲退了，而且一闲8年。到老年又被启用，但最终赍志以殁，一代英雄与世长辞。

也许他人生中最幸运的是有那么多的朋友，比如朱熹，比如陈亮。辛弃疾对友谊的珍视、对朋友的热忱令人感佩。

辛弃疾很钦佩朱熹的学问，他称赞朱熹"历数唐虞千载下，如公仅有两三人"。朱熹去世后，在庆元党禁恐怖的气氛中他毅然亲自去祭吊，并在祭文中写道："所不朽者，垂万世名。孰谓公死，凛凛犹生。"

和他的性格最合得来的是陈亮，他们之间的友谊就像杜甫跟李白一样。陈亮是浙江永康人，字同甫，号龙川。他在《自赞》中写道：

> 其服甚野，其貌甚古。倚天而号，提剑而舞。惟禀性之至愚，故与人而多忤。叹朱紫之未服，谩丹青而貌取。远观之一似陈亮，近视之一似同甫。未论似与不似，且说当今世，孰是人中之龙，文中之虎。

对于陈亮，辛弃疾是"世人皆欲杀，吾意独怜才"。在陈亮遭遇不幸的时候，他赋壮词以寄之，写下了著名的词句："醉里挑灯看剑，梦回吹角连营。"在陈亮去世后，他还写了《祭陈同父文》，忆当年"憩鹅湖之清阴，酌瓢泉而共饮，长歌相答，极论世事"，以及"智略横生，议论风凛"。

在南宋中叶的文化名流之中，他是最有实际才能的人物。他武艺超

群，胆略过人，是难得的将才；同时能够高瞻远瞩，有大眼光和大战略，又是难得的帅才。自古以来文人就喜欢感叹怀才不遇，不能一展宏图。其实要真的将他们置于重要位置，其结果必然大多是纸上谈兵和书生误国。而辛弃疾却是一个例外，他是真正能够成为大英雄的人物。

结果辛弃疾只能是一个悲剧英雄，所以他的词豪放而沉郁。明白了这一点，才能更加深切地体味到下面这首词的深刻意蕴：

少年不识愁滋味，爱上层楼，爱上层楼，为赋新词强说愁。

而今识得愁滋味，欲说还休，欲说还休，却道天凉好个秋。

痴情才子姜白石

和辛弃疾同时代，又能跟他相提并论的词人首推姜夔。姜夔的年龄比辛弃疾小10多岁，但是辛弃疾很欣赏他的词，二人还有一段唱和的经历。

公元1204年（宋宁宗嘉泰4年），辛弃疾已经是一员老将，被派到镇江。他登上北固亭，抚今追昔，写下了下面这首词：

永遇乐·京口北固亭怀古

千古江山，英雄无觅孙仲谋处。舞榭歌台，风流总被雨打风吹去。斜阳草树，寻常巷陌，人道寄奴曾住。想当年，金戈铁马，气吞万里如虎。

元嘉草草，封狼居胥，赢得仓皇北顾。四十三年，望中犹记，烽火扬州路。可堪回首，佛狸祠下，一片神鸦社鼓！凭谁问：廉颇老矣，尚能饭否？

姜夔按照他的韵和之：

永遇乐·次稼轩北固楼词韵

云鬲迷楼，苔封很石，人向何处？数骑秋烟，一篙寒
汐，千古空来去。使君心在，苍厓绿嶂，苦被北门留住。有
尊中酒差可饮，大旗尽绣熊虎。

前身诸葛，来游此地，数语便酬三顾。楼外冥冥，江皋
隐隐，认得征西路。中原生聚，神京耆老，南望长淮金鼓。
问当时依依种柳，至今在否？

辛弃疾是豪杰，是英雄；而姜夔是才子，是文人。辛弃疾的词一言
以蔽之，就是一个"豪"字。所以是"气吞万里如虎"，这是姜夔无
法写出的。但是姜夔自有其特色，在这首词中也有体现，那就是一个
"冷"字，即便是在颂扬英雄辛弃疾的词中也会写道："数骑秋烟，一
篙寒汐。"

辛弃疾一生在仕途上坎坎坷坷，姜夔却是一生布衣，终生未曾获得
一官半职。他在这个世界上飘来荡去，流落天涯。生活无着落，清苦困
顿却又极为清高。他自己说"文章信美知何用，漫赢得天涯羁旅"。在
他晚年的时候，与白石洞天为邻。有人叫他"白石道人"，他用这样一
首诗来回答：

南山仙人何所食，夜夜山中煮白石，
世人唤作白石仙，一生费齿不费钱。

生活的苦楚都被消解掉了，清贫的生活反而成就了他的仙人形象。
以至于明朝人张羽为他作传，遥想其风貌，竟有如下的描写：

体貌轻盈，望之若神仙中人。
性孤僻，常遇溪山清绝处，纵情深诣，人莫知其所入。

第五章 文明的巅峰

155

或夜深星月满垂，朗吟独步，每寒涛朔吹凛凛迫人，夷犹自
若也。

其实，在清苦的生活之下，又有多少时候能有这份浪漫？不过，姜
白石的才气确实非常人所及，所以让人有仙风道骨之感。

白石道人虽说是一生漂泊，但是却有一段刻骨铭心的恋情深深印刻
在他的心上，并以一种含蓄的方式体现在诗词之中。

那是在他20多岁的时候，客居合肥。与一对善谈琵琶的姐妹结下了
不解之缘，而他本人是一位才华横溢的音乐家。千金易得，知音难觅，
因此一段恋情顺理成章。然而生计所迫，最终他不得不离开。自此之后
也没能再见面，从而成为一段悲情的苦恋。

他的后半生似乎都为这段情事所困扰，尽管后来他也因诗为媒，娶
了著名诗人千岩老人萧德藻的侄女。他留下来的词作有80余首，其中与
合肥女子恋情相关的就有20余首。

他在40岁的时候，也就是与合肥女子分别近20年之后他在一首词中
仍然深情地回忆：

鹧鸪天

肥水东流无尽期，当初不合种相思。

梦中未比丹青见，暗里忽惊山鸟啼。

春未绿，鬓先丝，人间别久不成悲。

谁教岁岁红莲夜，两处沉吟各自知。

梦中他又回到了合肥，回到当初相恋的地方，可是无情的岁月留给他
的最终只是一种悲苦。他的人生为一种冷的色调完全笼罩，无法解脱：

燕燕轻盈，莺莺娇软，分明又向华胥见。夜长争得薄情

知？春初早被相思染。

别后书辞，别时针线，离魂暗逐郎行远。淮南皓月冷千
山，冥冥归去无人管。

但是对于他的正式夫人，他没有留下一首诗和一首词。这就让人不
得不产生疑问，难道他从来就没有爱过他的夫人？难道是因为合肥女子
占据了他的全部情感世界，而忽略了自己的夫人？

姜夔情感世界的变化也许是在另外一个女子出现之后，他虽说没有
一官半职，但是很受当时文化名流的赏识。比如朱熹就"既爱其文，又
爱其深于礼乐"，对这位文学才子和音乐家十分欣赏；另一位大诗人杨
万里也把他比作唐代诗人陆龟蒙。所以姜夔虽是一介布衣，但是与当时
的文化名人都有不错的交往。

绍熙2年（1191年）的冬天，经杨万里介绍，姜夔冒着雪去苏州
拜访大诗人范成大。范成大对他印象很好，说他"翰墨人品，皆似晋
宋雅士"。

范成大的宅子在石湖之畔，他种了很多梅花，姜夔在他家待了一个
月，范成大也经常在梅园摆下宴席，邀请姜夔欣赏那雪中的梅花。所谓
风花雪月，就是这些文人生活的常态。

那天雪下得正紧，梅花与雪花飘落在庭院之中，触动了姜夔无尽
的情思。词兴大发的他挥笔写下了两首词，一首叫《暗香》；一首叫
《疏影》。

暗香

旧时月色，算几番照我，梅边吹笛？唤起玉人，不管清
寒与攀摘。何逊而今渐老，都忘却春风词笔。但怪得竹外疏
花，香冷入瑶席。

江国，正寂寂，叹寄与路遥，夜雪初积。翠尊易泣，

红萼无言耿相忆。长记曾携手处，千树压、西湖寒碧。又片片、吹尽也，几时见得？

疏影

苔枝缀玉，有翠禽小小，枝上同宿。客里相逢，篱角黄昏，无言自倚修竹。昭君不惯胡沙远，但暗忆、江南江北。想佩环、月夜归来，化作此花幽独。

犹记深宫旧事，那人正睡里，飞近蛾绿。莫似春风，不管盈盈，早与安排金屋。还教一片随波去，又却怨、玉龙哀曲。等恁时、重觅幽香，已入小窗横幅。

范成大读后大为欣赏，命青衣女子小红唱这两首词。小红轻启皓齿，歌声婉转。让姜夔不禁动心，或许他在小红的身上看到了合肥女子的影子？大概是姜夔表现出对小红的依恋，在他离开的时候，范成大成人之美将小红送给了他。

小红的相伴让姜夔的心灵多了一份慰藉，他在一首诗中写道：

自作新词韵最娇，小红低唱我吹箫。

曲终过尽松陵路，回首烟波十四桥。

然而注定一生漂泊的他，这种生活又能持续多久呢？晚年的姜夔曾经的朋友渐次凋零，从前他还可以寄人篱下，现在连篱都没得寄了。晚景凄凉，无人相伴，死后竟是贫不能殡。最后幸好有个朋友帮助将他葬在钱塘马塍处，有人写诗说：

所幸小红方嫁了，不然啼损马塍花。

对于这位大才子来说，这究竟是值得安慰呢，还是涩涩的讽刺呢？

二、精神家园

朱张会讲，千古绝唱

朱张会讲，朱是朱熹；张是张栻。乾道3年（1167年）这两个人一起在岳麓书院讲学两个多月，从此成为教育史上的千古绝唱。

朱熹是继孔子之后最大的儒家大师，和他同时代的大词人辛弃疾就说过："历数唐尧千载下，如公仅有两三人。"国学大师钱穆说在中国历史上前古有孔子，近古有朱子。这两个人都在中国学术思想史及中国文化史上发出莫大声光，留下莫大影响。

朱熹生于建炎4年（1130年），祖籍徽州婺源（今江西婺源）。他生于南剑州尤溪（今福建省三明市尤溪县），并长期居住在福建崇安和建阳。所以他有时被说成安徽人，有时被说成江西人，有时被说成福建人。

据说朱熹出生前，他爸爸曾经找过一个山人选择风水宝地并问及将来富贵，这山人说：

> 富也只如此，贵也只如此。
>
> 生个小孩儿，便是孔夫子。

而朱熹一生下来脸上右眼角旁有7颗黑痣，排成北斗七星的样子，人们都说这预示着他将成为孔子之后的圣人。这些都为他的形象增添了几分神意，也反映出他在人们心目中的地位。

朱熹19岁中进士，当过一段时间的地方官之后，从学于学者李侗。李侗的老师是杨时，杨时的老师是二程。所以朱熹是二程的三传弟子，属于理学一脉。后来朱熹集理学之大成，并集儒学之大成。不光超越了

他的老师，也超越了他老师的老师，还超越了他老师的老师的老师。

朱熹一辈子主要时间都在讲学和著述，他写的书可以在书架上摆上好几层。后来人研究他的书则可以摆上好几架子，而且对他的研究永远也不会终结。

朱熹37岁这年，已经是闻名天下的大学者了。但是在学术上的追求没有止境，他决定去湖南访问张栻，和他探讨学问。

张栻生于绍兴3年（1133年），比朱熹小4岁，四川绵竹人，他的爸爸就是著名的主战派领袖张浚。张栻幼承家学，后来从学于南岳衡山五峰先生胡宏。胡宏是跟着他爸爸胡安国学习的，而胡安国的老师正是二程，所以张栻也是二程的三传弟子。

胡安国定居在湖南衡阳，开创了湖湘学派，他的儿子都是湖湘学派的重要传人，而胡宏在理学上的成就最为突出。张栻师从胡宏，得其真传，所以能够成为湖湘学派的集大成者。

张栻还是一名出色的教育家，他创办了城南书院，并主持岳麓书院。在湖南很多地方讲学，声名远播，四方学子不远千里前来求学。

在朱熹来湖南之前，二人已经书信交流，相互切磋学问。两个人求同存异，建立了深厚的学术友谊。朱熹在路上走了一个月才到了长沙，住进了城南书院。两个人在岳麓山下进行了学问交流，朱熹用诗句记录了这种相得甚欢的场面：

> 忆昔秋风里，寻盟湘水旁。
>
> 胜游朝挽袂，妙语夜连床。
>
> 别去多遗恨，归来识大方。
>
> 惟应微密处，犹欲细商量。

这段时间他俩都在岳麓书院和城南书院讲学，岳麓书院和城南书院一江之隔。两个人经常同舟往返于湘江之中，这个渡口后来被称为

"朱张渡"。

朱熹和张栻共同讲学,吸引了大批学子前来听课。当时从四方赶来的人络绎不绝,讲堂人满为患,甚至听讲者骑来的马都把池水饮干了。可见知识和思想的号召力是多么强大,两位学者成为当时最耀眼的明星。

朱熹和张栻相互交流,并集中探讨了"中和"和"太极"等哲学问题,两个人学问都有了进一步的提升。"太极先天自古今,两贤曾此共推寻",这已经是哲学思想史上的美谈。

不过两个人不光是讨论理学上的问题,他们对当前的政治局势也十分关心。张浚一生主战抗金,结果壮志未酬。赍志而没,卒于淳熙2年(1164年),即在二人讲学时间的3年之前。张栻继承父志,对当时苟安的局面十分不满;朱熹对此也是深有同感。后来还写了《张魏公行状》,表达了对这位抗金志士的仰慕之情。

张栻和朱熹都是诸葛亮的崇拜者,诸葛亮在他们心目中成了恢复失地并中兴宋室的寄托。朱熹最爱的文章就是诸葛亮的《出师表》,他请著名词人及书法家张孝祥为自己书写了这篇文章,而张栻的书房之中也挂着阎立本所画的孔明画像。朱熹请张栻做一篇赞,张栻口占一首,表达了二人共同的思想:

> 惟忠武侯,识其大者。仗义履正,卓然不舍。
> 方卧南阳,若将终身。三顾而起,时哉屈伸。
> 难平者事,不昧者几。大纲既得,万目乃随。
> 我奉天讨,不震不竦。维其一心,而以时动。
> 噫侯此心,万世不泯。遗像有严,瞻者起敬。

两个多月的讲学,二人结下了难舍难分的友情。他们一起登山涉水,和诗酬唱。张栻请朱熹搬到长沙同住,但是朱熹又怎能割舍自己的故土?

所以最终还是分别了，两个人写下了情谊深长的告别诗，张栻写道：

君侯起南服，豪气盖九州。顷登文石陛，忠言动宸旒。

坐令声利场，缩颈仍包羞。却来卧衡门，无愧知日休。

尽收湖海气，仰希洙泗游。不远关山阻，为我再月留。

遗经得紬绎，心事两绸缪。超然会太极，眼底无全牛。

惟兹断金友，出处宁殊谋。南山对床语，匪为林壑幽。

白云政在望，归袂风飕飗。朝来出别语，已抱离索忧。

妙质贵强矫，精微更穷搜。毫厘有弗察，体用岂周流。

驱车万里道，中途可停辀。勉哉共无斁，邈矣追前修。

朱熹答道：

我行二千里，访子南山阴。不忧天风寒，况惮湘水深。

辞家仲秋旦，税驾九月初。问此为何时，严冬岁月徂。

劳君步玉趾，送我登南山。南山高不极，雪深路漫漫。

泥行复几程，今夕宿楮州。明当分背去，惆怅不得留。

诵君赠我诗，三叹增绸缪。厚意不敢忘，为君商声讴。

昔我抱冰炭，从君识乾坤。始知太极蕴，要眇难名论。

谓有宁有迹，谓无复何存。惟应酬酢处，特达见本根。

万化自此流，千圣同兹源。旷然远莫御，惕若初不烦。

云何学力微，未胜物欲昏。涓涓始欲达，已被横流吞。

岂知一寸胶，救此千丈浑。勉哉共无核，此语期相敦。

从此之后，岳麓就不再是从前那个岳麓了，它成了中国文化史上的一个坐标。史载"自南轩、晦庵两贤讲道于岳麓、城南两书院间，士子振振向往以千数，时称潭州为邹鲁"。宋以前的湖南本来还是蛮荒之地，但是自此之后，成了礼乐教化的文明中心。正如后人所讲："自此以后，岳麓之为书院，非前之岳麓矣，地以人重矣！"

鹅湖之会，史上最强

套用当下一句流行语，鹅湖之会是史上阵容最为强大的学术研讨会。出席这次研讨会的著名学者有理学集大成者朱熹、心学创始人陆九渊，以及著名学者陆九龄，此外还有刘清之和赵景明等学者及诸学者弟子20余人参加了此次会议。

会议由著名学者吕祖谦主持，吕祖谦生于绍兴7年（1137年），浙江金华人。他出生于文化世家，家学渊源深厚，人称"东莱先生"。东莱先生威望很高，当时的人把他和张栻及朱熹并称为"东南三贤"。东莱先生待人诚恳，气量宏大。各个学派都很敬重他，因此可以说是学术界德高望重的人物。

这次会议也是由吕祖谦召集的，他和朱熹关系密切，经常一起切磋学问。而陆九渊参加考试的时候，吕祖谦是考官。他对陆九渊十分欣赏，两个人交往非常密切。当时朱熹和陆九渊之间的学术分歧已经很明显了，吕祖谦要召集他们开这个会，就是为了调和一下二人的观点。

会议时间是在淳熙2年（1175年）6月5日；会议地点在鹅湖寺。鹅湖寺位于南宋的信州，今天的江西省上饶市铅山县，是一座并不太大的寺庙。鹅湖寺在鹅湖山脚下，鹅湖山三峰挺秀，山中有荷叶田田的碧湖。传说东晋的时候有两只鹅自空而降，生了数百只小鹅之后飞走了，所以就称之为"鹅湖"。

上文已经介绍了朱熹，这里着重介绍一下陆九渊。陆九渊是江西金溪人，生于1139年。比朱熹小9岁，比吕祖谦小2岁。他天生就是个哲学家，4岁的时候他就问他爸爸"天地何所穷际"，对宇宙问题展现出奇特的兴趣。不过他爸爸笑而不答，于是他就废寝忘食的冥思苦想。13岁

的时候他读书读到"宇宙"两个字，书上的解释是"上下四方曰宇，往来古今曰宙"。他恍然大悟，原来宇宙是无穷无尽的，而人和天地万物都处于无穷之中。他提笔就在纸上写了一段深邃的哲学话语：

宇宙内事乃己分内事，

己分内事乃宇宙内事。

陆九渊也是一名豪侠，他锐意抗金。从长辈那里得知靖康年间的国耻之事，就立志学习武艺，他认为男儿优游无事是一件可耻的事情。进士及第后，声名远播，四方学者都来向他求学。和朱熹勤于著述相反，他不著书。学生问他为何不著，他回答说"六经注我，我又何需注六经？"他认为一个人纵然一字不识，也能成为一个堂堂正正的人。所以他讲课最重要的就是告诉学生发明本心，这个本心是什么呢？我们看了下面这个故事就明白了：

陆九渊34岁的时候，富阳主簿杨简前来向他问学："如何是本心？"

陆九渊向他背诵孟子的话："恻隐，仁之端也；羞恶，义之端也；辞让，礼之端也；是非，智之端也，这就是本心。"

杨简说："您所背诵的这些，我儿时即已晓得。毕竟如何是本心？"陆九渊又背诵了一遍孟子的话。

杨简仍然不醒悟，再问，陆九渊还是这样回答。

这日恰好有人因为卖扇子的事情讼于公堂，杨简断其曲直后，又向陆九渊请教"如何是本心"的问题。

陆九渊说："听你适才判断卖扇讼案，是者知其为是；非者知其为非，这就是你的'本心'。"

杨简顿时省悟，领会到人心自善、人心自灵、人心自明及人心自神，本无所不通，他后来成为陆九渊最有名的弟子之一。

　　淳熙元年（1174年），陆九渊拜访了吕祖谦，两个人相互切磋了一下学问。第2年，吕祖谦和朱熹一起编了一本理学入门书《近思录》。编完之后朱熹送他到了鹅湖寺，然后他们约陆氏兄弟来相会。

　　陆氏兄弟应约而来，路上陆九龄写了一首诗，吟给弟弟陆九渊听：

　　　　　孩提知爱长知钦，古圣相传只此心。

　　　　　大抵有基方筑室，未闻无址忽成岑。

　　　　　留情传注翻蓁塞，著意精微转陆沉。

　　　　　珍重友朋相切琢，须知至乐在于心。

　　弟弟听了对其中几句很不满意，于是一路上他就想好了一首和诗。

　　到了鹅湖寺，学术讨论会正式开始。吕祖谦问陆九龄最近在做什么学问，陆九龄就诵读了这首诗。当他读到第4句的时候，朱熹一听，啊，陆九龄已经上了陆九渊的船了。

　　原来，这哥俩儿本来思想学术有些差别。但是为了开这个会，之前二人统一了思想，一致对外。当然陆九渊比较厉害，所以把哥哥的思想统一到自己这儿来了。

　　接着陆九渊朗读了自己的和诗：

　　　　　墟墓兴衰宗庙钦，斯人千古不磨心。

　　　　　涓流滴到沧溟水，拳石崇成泰华岑。

　　　　　易简工夫终久大，支离事业竟浮沉。

　　　　　欲知自下升高处，真伪先须辩只今。

这下火药味就很浓了，哥哥诗的最后一句话说咱这是朋友之间互相切磋；弟弟则说咱就要分个高下。不光如此，还得辨个真伪。

朱熹一听"支离事业竟浮沉"，脸色大变。听完全诗，心里就已经很不爽了，这是为何呢？

原来，陆氏兄弟主张道在本心，人生最重要的就是发明本心，而朱熹主张要格物致知和读书穷理。陆九渊说自己的发明本心，是悠久博大的简易功夫，而朱熹的读书穷理是最终走向沉沦的支离破碎的事情。高下自分，真伪自明。陆九渊自信满满，豪情盖天，朱熹自然心里很不痛快。

双方之间起了大争论，吕祖谦虽说是主持人，不过态度偏向于朱熹这一边，最终双方没有达成统一意见。

古语云："尊德性而道问学，极高明而道中庸。"但是尊德性和道问学谁先谁后呢？陆九渊主张尊德性为先，朱熹以道问学为重。陆九渊主张先发明本心而后才读书，朱熹说人只有广泛阅读然后才能走向简约。陆九渊要和朱熹辩论，说尧舜之前的人连书都没有读的，那又该怎么办呢？

吕祖谦后来评论这俩人说："朱熹英迈刚明，工夫入细；陆九渊坚实有力，但是又欠开阔。"

这不是一次胜利的大会，也不是一次团结的大会。两派互相辩论，没有达成共识，最后不欢而散。

但这依旧是意义重大的大会，因为这次大会尽情展现了两个重要学派之间的学术分歧，深刻地影响了后来中国哲学的发展道路。

这次会议之后，朱熹和陆九渊都对自己的思想学说进行了反省。

3年之后，朱熹到南康军赴任，陆九龄去拜访他。朱熹追忆当时辩论的情景，做了一首和诗：

德义风流夙所钦，别离三载更关心。

偶扶藜杖出寒谷，又杠篮舆出远岑。

旧学商量加邃密，新知培养转深沉。

只愁说到无言处，不信人间有古今。

两个人后来还有几次当面交流，尽管鹅湖之会上两个人不欢而散，但是后来的学术友谊却是越来越深。绍熙2年（1191年），陆九渊在荆门逝世，朱熹率门人往寺中哭之。既罢，良久说了一句："可惜死了告子。"

出位抗辩，壮哉叶适

淳熙15年（1188年），大学者朱熹遭人参劾。

参劾朱熹的人叫做"林栗"，福建福清人，绍兴12年进士。当时官居要职兵部侍郎，深得孝宗皇帝赏识和信任。他攻击朱熹的理由很是奇特，他说朱熹这个人没什么学问，只不过是剽窃了张载和程颐的一些学术成果。打着道学的旗号，妄自尊大。学着春秋战国纵横家的姿态，招摇撞骗，严重扰乱社会秩序。

朱熹是南宋最有名的学者，竟然被认为不学无术，林栗为何这般仇视朱熹呢？

事情的原委是这样的，这一年，朱熹被任命为江西提刑。上任之前，他需要到临安面圣，然后去赴任。

朱熹刚到临安，林栗就来拜访，要和他讨论《易》和《西铭》。林栗的著作在此之前朱熹已经读过，感到实在不敢恭维。所以他直言不讳地说出自己的意见，认为林栗的学说不得要领。朱熹说《易》的象数问题到了邵雍那里才说明白。

林栗说："我的著作就是想攻击邵雍的观点。"

朱熹说："邵雍康节先生不是轻易能够攻击的，侍郎需要斟酌。如果不改自己的观点，恐怕会被有识之士笑话。"

林栗恼羞成怒，说了一句："就是要人笑！"

在这个问题上俩人已经无法再进行讨论了，他们转而讨论《西铭》。朱熹说林栗没有读明白，对宗子认识有误。

林栗说："宗子如何就是嫡长子？"

朱熹觉得这是常识问题，实在不想讨论，讽刺道："侍郎以礼学名家，难道连这都不知道吗？"

林栗无言以对，二人不欢而散。

朱熹见了孝宗，给他讲了"正心诚意，格物致知"的大道理，孝宗不是很喜欢。不过朱熹见完孝宗之后，就被任命为兵部郎官，即要他当林栗的下属。

朱熹不干，当然不想干，但朝廷的命令是不可以违抗的。于是他就说自己得了严重的脚病，请求能够休假一段时间。不过林栗早就让手下人拿着郎官的大印催着他去赴职，朱熹坚持不去。僵持了一天，林栗就告到皇帝那去了。

林栗参劾朱熹，完全就是利用权势来打压他。他说朱熹不赴职是对朝廷心怀不满，说他不学无术，扰乱社会，完全就是无中生有的中伤。倘若朱熹是不学无术，那谁又敢说是有学有术？

但是林栗不光上了劾章，还将自己的奏章到处宣扬，闹得朝中沸沸扬扬。朱熹只好上了一道札子，请求奉祠回避。

摄于林栗的权势，满朝官员竟然一片沉默，无人为朱熹申辩。当此之时，有一人挺身而出痛斥林栗的歪理邪说。维护正义，主张公道，这个人就是叶适。

叶适字正则，浙江温州瑞安人，淳熙5年（1178）进士第2名（榜眼）。《宋史》上说他"志意慷慨，雅以经济自负"，是一个有胆识，有担当的人物。不过他的思想跟朱熹有很大的差异，叶适被称为"事功学派"。即讲求功利，认为无功利一切都是空言；朱熹恰恰相反，他认为一切事情首要的是道义。但求有义，不问有利。

这两个人是学术思想上的对头，叶适批评朱熹。认为他学问虽然精微深博，但是也只是空言。高谈性命，忽略了功业；朱熹也认为叶适的议论跟自己的学说差异太大，容易走入异端，有着需要商榷的地方。

叶适当时的官职是太常博士兼实录院检讨官，品级很低。不是言官，也没有责任出来发言。然而此时叶适毅然出场，为朱熹辩护。他写了《辨兵部郎官朱元晦状》一文，上书孝宗。

在这篇文章中，叶适阐明自己要为朱熹辩护的原因："盖见大臣以下，畏栗凶焰，莫敢明辨。积在厉阶，将害大体尔。"然后据实力争，仗义执言，指出林栗所述完全是造谣中伤；同时指出朱熹聚徒讲学，是为国家计，为人才计。"臣闻朝廷开学校，建儒官，公教育于上。士子辟家塾，隆师友，私淑支持于下，自古而然矣"，所以林栗给朱熹扣上那么多政治帽子完全就是不对的。

他指出林栗此举最大的危害在于给朱熹的学说扣上"道学"的帽子，以伪学之类的罪名来打击学者。这种做法"利害所系，不独朱熹"，危害的是整个学术群体。

叶适的发言激起了很多官员的正义心，他们也纷纷上书指责林栗的行为。孝宗本来是袒护林栗的，在这种情况下，也只好将他外放，这件事情总算是了结了。

叶适的这种精神是值得赞许的，他的忧虑并非杞人忧天，而是深有远见。因为几年之后一场大规模的政治风暴席卷整个学术界，极大地摧残了学术生态，这就是历史上有名的"庆元党禁"。

庆元是宋宁宗的年号，1195年宁宗登基。韩侂胄与赵汝愚都是拥立有功，但是二人嫌隙日深。后来韩侂胄将赵汝愚排挤出去，一人当政，独揽大权。他把那些持反对意见者都称为"道学之人"，斥道学为"伪学"，禁毁理学书籍。后来还制定了伪学逆党籍，名列党籍者都受到了不同程度的处罚。凡与他们有关系的人，也都不许担任官职或参加科举考试，前后共6年之久。

名列党籍的人既包括朱熹这样的理学家，也包括叶适这样的事功学派。大学者几乎无一幸免，对南宋学术造成了极大程度的破坏。

往事已矣，但是却给我们沉重的问题去思考。《辨兵部郎官朱元晦状》这篇文章理应流传千古，它告诉我们一个道理。即要想维护一个健康正常的社会环境，必须坚持这样一个原则。即虽然我不同意你说的每一个字，但是我将誓死捍卫你说话的权利。

叶适是在维护一个良好的学术生态，他认为学者有权利来创新学说，并向前来求学的人传播自己的学说。实际上就是在维护学者的独立人格和自由意志，维护学术的尊严。

宋末著名学者黄震曾经评论道：

> 水心（叶适）非言官，又所学与晦翁不相下，非平昔相党友者。一旦不忍其诬，出位抗言，廷斥不少恕。此当与汲长孺面责公孙弘、张汤者同科。呜呼，壮哉！

三、人文风景

画院之内写丹青

高宗跟他爸爸徽宗一样，都对绘画有着强烈的热爱。所以他到了杭州之后，很快就把画院恢复起来了，这就是著名的"绍兴画院"。不过不要以为是把画院建在了绍兴城，绍兴是宋高宗的第2个年号，就像徽宗的画院称为"宣和画院"一样。

南宋的画院成就很大，清代杭州籍文人厉鹗编著的《南宋院画录》

记述了南宋画院画家的生活，反映了绘画的盛况。在几乎全民崇画的文化氛围里，作为南宋都城，杭州名家聚集，各种佳作不断涌现。绍兴画院存在了100多年，其中有姓名可考的画家近120人。当然，最有名的就是南宋四大家，即李唐、刘松年、马远和夏圭。

一代宗师李唐

我们在介绍徽宗的皇家美术学院的时候就提到了李唐，在南宋四大家中，李唐的时代是最早的。他生活在两宋之交，北宋末年他在宣和画院中供职。高宗恢复了画院，就把他找了回来。他曾经被金人俘获，以他的威望，完全可以在金国过得很好。但是作为大宋子民，他岂可为外族效力？所以他历经艰险，逃离了金国。经历了颠沛流离，曾经卖画为生，到如今已是白发苍苍的老者。

身处偏安王朝，李唐用自己的画担当起鼓舞士气的责任。在这种心态之下，他创作了著名的《采薇图》。

《采薇图》取材自商周之际的著名故事，伯夷和叔齐是商代亡国之臣。商灭亡之后，他们逃到首阳山。义不食周粟，采薇而食，最后绝食以殉国。画中伯夷叔齐面有饥色，但是神情坚毅。所以李唐的这幅画包含着深刻的政治含义，饿死事小，失节事大，这本是士大夫应有的精神。他要用这幅画来激励大宋子民抗拒外族入侵的爱国热情，同时也包含着对投降派的愤怒与讽刺。

作为南宋画界的一代宗师，他有个弟子叫做"萧照"。萧照年轻的时候知书能画，后来金兵南侵，中原离乱，他就在太行山当起了强盗。有一回打劫了一个人，这人的包裹里面就只有几支画笔。问他姓名，原来就是李唐。萧照一直对李唐佩服万分，没想到这回竟以这种方式见面。于是赶忙谢罪，跟着李唐南渡。最后在李唐的教导下，竟成了一代名家。而且受老师爱国之心的熏染，对国事也十分关心。创作了《中兴祥瑞图》表达渴望宋室中兴的愿望。而他与李唐之间的师生奇缘也成了画界美谈。

其实，李唐的学生中，有成就的还不止萧照。诗云"李唐白发钱唐住，引出半边一角山"，就是对他宗师地位的肯定。四大家的另外3位或多或少都受到他的影响，都可看做是他的学生。

人中绝品刘松年

刘松年是南宋孝宗、光宗和宁宗三朝的画院画家，他是杭州人。因为住在南宋杭州13个城门之一的清波门，所以有了"刘清波"的称号。而这个清波门又有一名字叫"暗门"，所以又俗呼为"暗门刘"，有诗云"暗门终日癯烟霞，写得东南处处佳"。

刘松年师从张训礼，张训礼又是李唐的学生，所以他算是李唐的再传弟子。刘松年神气精妙，名过于师，被誉为画院人中绝品。有诗云："琴师传得太古意，听琴之趣画师传。昔闻善听钟期子，今见妙品刘松年。"

南宋周密在《武林旧事》中说"西湖天下景，朝昏晴雨，四序总宜"，风景如画的杭州西湖历来是画家喜爱的题材。但是吴自牧在《梦粱录》中说"湖山之景，四时无穷。虽有画工，莫能摹写"，可见画西湖的艰难。刘松年并非一般的画工，他常画西湖。多写茂林修竹，山明水秀之西湖胜景，深受人们喜爱。明代绘画评论家张丑在诗中赞颂他的西湖风景画说：

西湖风景松年写，秀色于今尚可餐。

不似浣花图醉叟，数峰眉黛落齐纨。

刘松年虽说只是一名宫廷画家，可是也有着强烈的现实情怀。他曾经苦心孤诣地画出《便桥会盟图》，共绘230余人和200余匹马及3匹骆驼。画出了大场景，堪称是最壮观、最丰富和最长的人马画图卷。但是刘松年的本意却是要借唐太宗折服突厥的历史故事，寄望于当权者能够励精图治战胜强敌，而不要一味投降。《中兴四将图》也是出自他的手笔，他借此表彰中兴四将的历史功绩，鼓励南宋军民的战斗意志。从这点讲，刘松年不愧为人中绝品。

马远独步画院

马远出自"一门五代七画家"的绘画世家，作为宫廷画家，他与宫廷人物有着很密切的联系。史书记载："杨妹子，杨后之妹，书似宁宗。马远多画其所题，语关情思，人或讥之"。这段简略的记载可以给人很丰富的联想，不过关于他的历史记载也只有寥寥几句，难以定论。

马远艺术上克承家学，而超过了他的先辈。他继承并发展了李唐的画风，以拖技的多姿形态画梅树。尤善于在章法大胆取舍剪裁，描绘山之一角水之一涯的局部，画面上留出大幅空白以突出景观。他在当时影响极大，有独步画院之誉。人们评论说马远画水"得水之性"，因为他"飘分蠡勺，一掬而湖海溪沼之天具在"。

《寒江独钓图》是马远构图技巧最成功的范例之一，一叶扁舟飘浮江面，渔翁独坐垂钓；除四周寥寥几笔微波外，全为空白。从而有力地衬托出江天空旷和寒意萧条的气象，整幅画面给人以无限的遐想。

夏半边参悟自然

夏圭，字禹玉，浙江杭州人。他曾任画院侍诏，和马远同时代并且齐名。他的山水画往往有一半留白，所以人称"夏半边"，和马远并称"马夏"。

夏圭一类画法多少受佛教禅宗影响，"主张脱落实相，参悟自然"。趋向笔简意远，遗貌取神。《溪山清远图》是夏圭的传世佳作，集中体现了其绘画艺术成就。这幅画的最大特点是利用纸本特性，纯用水墨。积墨法、蘸墨法和破墨法三法相继使用，墨色苍润，灵动鲜活。所画的是晴日江南江湖两岸的景色，溪山之间，云烟轻笼。群峰巨岩、茂林长桥、村舍茅亭，以及渔舟远帆，勾笔虽简，但形象真实。空旷的构图，简括的用笔，淡雅的墨色，极其优美地营造了一幅清净旷远的湖光山色。清刚秀逸，浑然天成。

对于这四大家的画，人们看法不一。有的人十分不满，据载："有言夏圭马远者，辄斥之曰：'是残山剩水宋偏安之物，何取焉？'"但是也有人说："不知宋人之画，亦非后人可造堂室。如李唐、刘松年、马远和夏圭，此南渡后四大家也。画家虽以残山剩水目之，然可谓精工之至。"有人就特别喜欢马夏的山水画，认为"马夏山水，精而不流于俗，细而不流于媚。有清旷超凡之韵，无猥暗蒙尘之格"。

特别需要指出的是，中国古代没有一个画派比得上马夏在国外的影响。马夏的绘画影响，在南宋末年因为一些僧人的往来传到了日本。到了15世纪前后，其影响是越来越大。当时的日本画家绘画也好，鉴赏也好，都倾向于马夏的风格。如果有画家作品的样式跟马夏很接近，就会被认为是杰作。从这一点上讲，马夏也是我们这个民族的骄傲。

史馆之外著春秋

咱们中国有个修史传统，叫做"当朝人只修前朝史"。因为中国古代把修史看得很重，尤其是皇帝怕史家诽谤朝廷，所以历来严禁私修国史，然后由官方组织来为前朝修史。

不过，自孔子以来史家就有个传统，那就是修史要使乱臣贼子惧，就是要让那些干了坏事的人害怕。他们干的那些事写在史书上，传之后世，几百年几千年后人们都知道。古代史家就讲个秉笔直书，宁可杀头，写下的字是不可以改的。

北宋的时候，史学很发达。欧阳修的《新五代史》和司马光的《资治通鉴》都是流传千古的佳作。不过北宋依然没有当代史的私人书写，只有朝廷里面的史馆负责记录。私人要写当代史，那是很危险的。

靖康之变让宋人极其痛心，国破家亡，连两个皇帝都被人掳走了。于是有志之士不再沉默，他们拿起手中的笔，奋笔直书，希望世人能牢记这个教训。像《靖康祸胎记》、《泣血录》和《痛定录》这样的史书应运而生，不看这些书的内容也能大致想到作者的思想情感。

南宋的史学一个很大的特点就是当代史的繁荣，并且私人所修的当代史取得了很大的成就。这里重点介绍的是两个四川的李姓史学家，一个叫"李焘"；一个叫"李心传"。

李焘：平生生死文字间

李焘是四川眉州人，跟苏轼是老乡，一看这个就知道他必定是家学渊源深厚。宋代的眉州是个人文荟萃的地方，而李焘的父亲是饱学之士，又有丰富的藏书，李焘就成了典型的"学二代"。

李焘10多岁的时候即发生了靖康之变，这给他的心灵留下了难以磨灭的记忆。他立志要写一部史书，明晰历史兴革，为当下提供借鉴。李焘最喜欢的史书是司马光的《资治通鉴》，所以他要按照《资治通鉴》的体例写一部北宋一祖八宗的历史。现代人或许觉得对于李焘来说北宋已经是前朝了，其实从南宋人总是念念不忘中兴来说，他们并没有两个宋朝的感觉。更何况高宗本来就是徽宗的亲生儿子，所以北宋对李焘来说也是本朝，或者说叫做"国朝"。

写这样一部书是很难的，当代史比前朝史要难修得多，因为前朝留下来的材料肯定没有本朝多。李焘在浩如烟海的史料中摸索了40年，终于撰成了一部石破天惊的著作——《续资治通鉴长编》。

这部书有1 000多卷，他把一生的主要精力几乎都花在这部书上了。他做了10个木橱，每个木橱又有20个抽屉。他把这些抽屉按照年份编上号，凡是与这一年相关的文献材料，就将其放进去。分月日先后排放，整整齐齐，井然有序。很多人很好奇历史学家是怎样工作的，这就是一个生动的例子。

张栻说李焘这个人品格就像是霜松雪柏，他没有其他的什么嗜好。不喝酒，不赚钱，连文人那点风花雪月都没有。"平生生死文字间"，他把自己的生命都交给了那些文字，文字就是他的生命。

这部书的史料极为丰富，而且都是经过了详细的考证，后代人要想再写宋史不看这部书是不成的。叶适也很推崇这部书，他说《春秋》之后才有此书，这是历史学家所能获得的最高荣耀。

李心传：尤为史家所仅见

李心传所处的时代晚于李焘，他生于1167年，四川井研人。30岁那年乡试落第，于是他决定不再应考，专心著史。不过到他晚年的时候，朝中几位大臣对他交口称赞。他被任命为史馆校勘，被赐予进士出身。他和李焘齐名，被称为四川"二李"。

李心传最重要的著作是《建炎以来系年要录》，这是一部完全可以和李焘的《续资治通鉴长编》相媲美的著作。李心传写这部著作近则取法李焘，远则追步司马光。有人说李焘学司马光，最终还不如司马光。但是李心传学李焘，没有一点比不上李焘。

这部书完整记录了高宗一朝36年的历史，一共100卷，材料也是相当丰富。清朝人说这部书"文虽繁而不病其冗，论虽歧而不病其杂"，是非常难得的一部宋史佳作。

李心传最为难得的是他不虚美，不隐恶，实事求是。最典型的就是他对张浚的记录，张浚是主战派领袖，晚年深得孝宗器重。他的儿子张栻又是著名学者，跟朱熹是极为要好的朋友，所以张浚有些事情被很自然地隐瞒下来了。

前面已经说到南宋初年李纲当了75天宰相就被罢相了，主要是因为黄潜善和汪伯彦这两个投降派在捣鬼。其实还有一个人得为此事负责，那就是大名鼎鼎的主战派领袖张浚。

张浚当时是黄潜善的门客，有个好朋友叫"宋齐愈"，而宋齐愈被李纲处决了。所以张浚对李纲恨之入骨，他说李纲阴为惨毒，外弄威权，严重危害国家安全。并指斥李纲是国贼，认为不杀李纲不足以安天下。张浚的这些话完全是出自党同伐异的需要，不顾国家安危，颠倒黑白，因此张浚是造成李纲罢相的元凶之一。但是因为张浚后来成了大人物，所以史书处处回护，像《宋史》中的《张浚传》绝口不提这件事。

而李心传尽管对张浚这个人很钦佩，但是他觉得张浚做的这件事是实有其事，不可饶恕。因此也不应该隐讳，于是他将这件事的前后记载得一清二楚，这一做法体现出一个有良知的史学家应有的品格。

清代的史学家十分钦佩李心传，他们认为李心传能够将一切得失是非之道都根据事实叙述。没有丝毫的缘饰，这种品格"尤为史家所仅见"。

在南宋一朝，像二李这样的优秀史学家还有很多。如著有《东都事略》的王称和编纂《三朝北盟会编》的徐梦莘，都是我国历史上一流的史学大家。历史学的水平很大程度上反映了一个民族自我认识的程度，从南宋人的历史书写中，我们看到了南宋文明高度发达的自我认知。

藏书楼中度晨昏

典籍收藏的丰盛与否直接关系着一个时代文化的盛衰，藏书状况是一面镜子，反映着这个时代的文化水准和社会风尚。

文化的宋朝是一个注重藏书的时代，且不说朝廷和官府的藏书，最能反映出宋代人文化态度的是私家藏书的兴盛。当然这也得益于印刷术

的改进和普及，所有的藏书家都应该感谢毕昇，感谢那些辛勤印刷的书籍工人。

在宋一代藏书家甚多，据统计两宋藏书家有700多人，而私家藏书超过20 000卷以上的就有200多人。南宋的叶梦得和魏了翁是藏书最多的人，有100 000卷之多，比当时国家图书馆的书还要多。藏书成为一种社会风尚，有品位的文化人以藏书多为荣。当然这其中也不乏附庸风雅之辈，像被称为奸贼遭人痛骂的南宋权相贾似道也是一个藏书家。

宋代有很多藏书世家，比如山东的晁氏家族。晁家世代藏书，到北宋末年已经是数一数二的藏书大家了。而且丰富的图书孕育出一代代晁家才子，使得晁氏家族成为宋代著名的文化世家之一，有"生聚百年推甲族"之说。

只可惜，靖康之变的战火使得藏书全部散失，兵戈之后尺素不存！

然而上苍似乎特别偏爱这个有文化的家族，南渡之后这个家族中又出了一位大藏书家——晁公武。

晁公武不光是大藏书家，还是大学问家。他写出了中国第1部私家藏书目录，也是中国目录学上的经典之作——《郡斋读书志》，他是如何做到的呢？

晁公武生于1105年，靖康之变后迁到了四川。他天资聪颖，酷爱图书。绍兴2年（1132年）中了进士，当了四川转运使井度的属官，跟井度结下了深厚的友谊。而这个井度就是位大藏书家，等到井度年老的时候，他给晁公武写了一封信说：

> 某老且死，有平生所藏书，甚秘惜之。顾子孙稚弱，不自树立。若其心爱名，则为贵者所夺；若其心好利，则为富者所售，恐不能保也。今举以付子，他日，其间有好学者，归焉。不然，则子自取之。

原来老藏书家对自己的藏书十分的珍惜，而子孙又太小。怕他们贪名好利，将书卖给了富贵人家，所以思来想去将书交给晁公武保管。如果子孙成器，热爱学习，那就将书返还；不然就自己留着。这段话，简直就像刘备托孤一样，可见他对藏书的珍视！

　　晁公武欣然从命，井度的书一共有50箧，再加之他自己家的旧藏，除去重复的，一共有24 500卷之多。于是他根据这些书，为每一部书写了提要。最后会聚成了《郡斋读书志》，被后人誉为"宋以来著录家之首"。

　　南宋对书表现得最为痴迷的是尤袤，他是南宋中兴四大诗人之一。其藏书之富且嗜书之笃在当时有口皆碑，受人称颂。他仕宦显达，官至礼部尚书。在家乡无锡见了藏书楼，取名"遂初堂"。宋光宗还亲自题写了匾额赐给他，楼中藏书有30 000多卷。

　　他的好朋友大诗人陆游在诗中赞叹他家藏书之多：

遂初筑堂今几时，年年说归今将归。

异书名刻堆满屋，欠身欲起遭书围。

　　而另一位大诗人杨万里把《西归集》和《朝天集》赠送给他，他非常高兴，写诗答谢：

西归累岁却朝天，添得囊中六百篇，

垂棘连城三倍价，夜光明月十分圆。

　　尤袤尤其喜好抄书，据杨万里说他是"于书靡不现，观书靡不记。每公退则闭户谢客，日记手钞若干古书。其子弟及诸女亦钞书。"就是说他无书不看，看了就抄。下班之后就闭门谢客，不坐茶馆，不打麻将，而是抄上几本古书。而且不光他自己抄，他的儿子女儿也抄，可以称得上是"抄书家族"了。

他的爱书宣言是：

> 饥读之以当肉，寒读之以当衣，孤寂而读之以当友朋，
> 幽忧而读之以当金石琴瑟。

然而很不幸，尤袤一家耗尽心力辛苦收集的数万藏书，仅仅在他逝世30余年之后，就在一次意外失火中和藏书楼一块儿化为了灰烬！

晚清学者叶昌炽在《藏书纪事诗》中感叹道：

> 饥当肉兮寒当裘，足消孤寂遣幽忧。
> 此尤无恙公书烬，万柳溪边怅旧游。

不过不幸中的万幸是，尤袤根据他的藏书编写了《遂初堂书目》，为后世留下了一部重要的目录学著作。这部书的特色在于他将著录的书的版本详细记录，我们从中可以获取很多有用的信息。比如朱墨两色本可以看出当时发达的印刷技术，高丽本可以看出宋朝与高丽之间的文化交流，因此有着不可替代的学术价值。

南宋还有一位很值得一提的藏书家陈振孙，他生活的时代较晚。生于1183年，卒于1162年，浙江湖州人。他是一个极为勤奋的藏书家，他当过江西、福建和浙江等地的地方官。每到一地，都不遗余力地访书、买书和抄书。就连那些触犯时忌不能公开出版的书，他也尽量搜求私刻本。他还当过国子监司业，利用职务之便得以阅读很多官府秘藏，并开始了《直斋书目解题》的编写工作。

《直斋书目解题》是仿照晁公武的《郡斋读书志》编写的，但是有很多创造，在著录的书籍数量上就有很大的突破。《直斋书录解题》共著录图书3 096种，51 180卷，超过了当时南宋政府的藏书目录。当时的国家图书馆数目，即《中兴馆阁书目》共著录图书44 486卷，加

上《续书目》14 943卷，才仅比《直斋书录解题》多出8 000多卷。可见，陈振孙藏书从数量上讲差不多抵上政府藏书了。从质量上讲，陈氏藏书也超过了官方藏书，《直斋书录解题》中著录的许多珍本和善本书是国家书目中所没有的。

陈振孙把"解题"运用到书目中，形成了解题目录一大流派。尽管解题目录的编写方法并非陈振孙所创，但正式运用"解题"作为目录名称，以至后人称此类目录为"解题目录"，则起自陈振孙。可以说《直斋书录解题》成了后来解题目录的典型。

陈振孙对其藏书非常熟悉，那些书的内容特征，以及作者情况，还有版本等都用很简练的文字说得清清楚楚。对书的评价也很有水准，几乎每一篇都可以看成是精彩的书评，因此学术价值很高。"考镜源流，辨章学术"是目录学的最高追求，陈振孙其庶几乎！

《郡斋读书志》、《遂初堂书目》和《直斋书目解题》这3部书也被称为南宋三大目录学著作。南宋诸家目录都涉及版本，但比较而言，各有特点。若言著录版本之始，可推晁公武《郡斋读书志》；若论开版本目录学之先河，则为尤袤之《遂初堂书目》；若论把目录学和版本学结合起来，则是陈氏《直斋书目解题》之功。

南宋的那些藏书楼早已消逝在历史之中，那些宋版书现在也是屈指可数。但是透过这3部目录学的伟大著述，我们看到了一个时代文化发达的程度，看到了一个文明的宋朝。

第六章
永远的丰碑

一、遗民存宋

遗民诗人的生死书

历史不以人的意志为转移，尽管华夏文明在宋代尤其是南宋进入巅峰之境，但是很不幸地遭遇了史上最强大的骑兵——蒙古铁骑，从而丧失了更进一步的可能。大宋王朝最终灭亡，大宋文明最终在血与火之中化为历史烟云。

遗民文化是300年文治大宋的最后一道晚霞，这最后一道晚霞竟是那样的绚烂，它见证了一个文明是怎样地深入人心。

宋末并非完全如人们所想象的那样腐朽，这也是一个英杰辈出的时代。比如保祐4年（1256年）就是不平凡的一年。这一年有两位伟大的

人物出生，一个是赵孟頫；一个是马端临。前者是宋元之际最有成就的书画大师，整个元代没有人能超越他；后者是宋元之际最伟大的历史学家之一，他的《文献通考》是中国古代最伟大的历史学著作之一。这一年还有3位英豪同中进士，分别是文天祥、陆秀夫和谢枋得，《四库全书总目提要》中说这3个人"为世所重，如日星河岳，亘古长留。足以措挂纲常，振兴风教"。因此在科举史上，这一年几乎可以和北宋嘉祐2年相媲美。

我们不必太苛求南宋人，他们抵挡蒙古铁骑40年已经是当时的世界军事奇迹。而最后的抗争也是那样的轰轰烈烈且可歌可泣。更何况征服了土地，并不代表就征服了大宋士子的心，遗民文化就是最鲜明的体现。

国破家亡双泪暗，当残酷的现实摆在面前的时候，他们所直面的是生死。诗人本有着最为敏感的心灵，他们的诗歌浸透着自己血和泪。我们不妨先听听那些诗人的声音，感受那种故国已远思念犹深的心境，以及面对死亡时的那种决绝和勇气。

首先要说的就是这位保祐4年进士谢枋得，他号叠山，江西人。生于宝庆2年（1226年），曾经组织民兵抗元。性好直言，因得罪贾似道而遭黜斥，咸淳3年（1267年）赦还。德祐元年（1275年），以江东提刑及江西诏谕使知信州。元兵犯境，战败城陷，隐遁于建宁唐石山中。后来流寓建阳，卖卜教书，以此度日。宋亡之后，谢枋得寓居闽中。元朝屡召出仕，他坚辞不应，在《却聘书》中说："人莫不有一死，或重于泰山，或轻于鸿毛。若逼我降元，我必慷慨赴死，决不失志。"

元至元25年（1288年）冬天，大雪纷飞，福建行省参政魏天佑奉忽必烈之命强迫谢枋得北上大都。这时谢枋得虽然形容枯槁，但仍精神抖擞，慷慨赋诗赠别亲友：

初到建宁赋诗一首

雪中松柏愈青青，扶植纲常在此行。

天下久无龚胜洁，人间何独伯夷清。

义高便觉生堪舍，礼重方知死甚轻。

南八男儿终不屈，皇天上帝眼分明。

这是谢枋得北上前的诀别诗，不仅表现出视死如归的气概，而且认为此行的意义在于"扶植纲常"，说明早就以必死之心实践杀身成仁的理念。如此豪迈不屈，令人感奋。

他一到大都，就问明太皇太后谢氏坟墓和宋恭宗所在的方向，恸哭再拜。后被拘留于悯忠寺（今天北京法源寺），见壁间有曹娥碑，哭泣说："小女子犹尔，吾岂不汝若哉！"并进行绝食斗争。

曹娥为24孝之首，以投江寻父而为后人敬仰。谢枋得视忠孝节义高于生命，又焉能不哭？

汉奸留梦炎派医生拿了掺杂有米饭的药汤请他喝，他一面怒骂，一面将药罐拂在地上。4月初五，谢枋在悯忠寺绝食5天，终于为国尽节。他在遗书中写道：

> 大元制世，民物一新。宋室孤臣，只欠一死。某所以不死者，以九十三岁之母在堂耳。先妣以今年二月，考终于正寝，某自今无意人间事矣！

自古忠孝两难全，谢枋得以这种方式先尽孝后尽忠。其子扶棺回到信州，将他葬在故乡弋阳玉亭龚之原，门人追谥他为"文节"。至今北京还保存着专门为纪念谢枋得而建的"谢叠山祠"，而留梦炎一直被认为是两浙人的羞耻，千秋唾骂。

当时有位叫做"林景熙"的诗人听说谢枋得不与元朝合作，绝食而死。十分钦佩，他写诗道："何人续迁史，表为节义雄。"

林景熙（1242年—1310年）字德阳，号霁山，是温州平阳人。现在

温州人以经商闻名，南宋时温州人以文化知名。林景熙雄踞于宋元之际诗坛，是温州2 000年历史中成就最高的诗人，他的一个义举也为后人铭记。

元22年（1285年），忽必烈所任江南释教总统杨琏真珈为了盗取南宋皇陵中的珍宝，竟挖掘绍兴宋皇陵及大臣墓上百所，而将遗骨残骸抛弃在荒草乱石之中。堂堂皇陵，一片惨状。当时林景熙在绍兴王英孙家作客，激于民族义愤，约乡人郑朴翁等乔装采药人前往。冒着生命危险，拾得南宋皇帝骸骨。一共装了6函葬于兰亭附近，并移植皇陵冬青树作为标志，还写了《冬青花》诗："移来此种非人间，曾识万年觞底月。蜀魂飞绕百鸟臣，夜半一宗山竹裂。"又写《梦中作》4首，以记其事，声调凄怆，令人扼腕。

林景熙这种情系故国且反抗民族压迫的行动，深受时人感佩，并受后人称赞。他教授生徒，从事著作，漫游江浙。因而名重一时，学者称"霁山先生"。

文天祥舍生取义的故事为后人所熟知，在当时就有很多人悼念他。谢翱（1249年—1295年），字皋羽。号晞发子，福建人，他被誉为"南宋翘楚"和"宋末诗人之冠"。文天祥死后，他写了著名的《西台哭所思》悼念他：

残年哭知己，白日下荒台。

泪落吴江水，随潮到海回。

故衣犹染碧，后土不怜才。

未老山中客，惟应赋八哀。

以文天祥为自己的人生知己，而此时斯人已逝。内心哀痛，因而诗作深挚感人。

其实，早在文天祥死之前，就已经有人为他写了祭文。这就是王炎午的名文《生祭文丞相文》，他在文中劝文天祥速死。

王炎午（1252年—1324年）本名"应梅"，号鼎翁，号梅边。汶源人，出生于书香世家，自幼刻苦读书。南宋危急存亡之秋，王炎午跟随丞相文天祥起兵勤王。颇有建树，深受丞相器重，本拟留军重用。因为父死未葬，母又病危，辞谢而归。后来听闻文丞相兵败被俘，乃写《生祭文丞相文》，开门见山就直言："呜呼，大丞相可死矣！"然后历陈其有可死之义。又反复阐述古今所以死节之道，激昂愤发，约千五百言。忠肝义胆，凛然如秋霜烈日，堪称千古奇文。除了劝文天祥死，他又把文章到处散发，"迫"文天祥死。

4年之后，文天祥英勇就义。王炎午悲痛万分，写下了《望祭文丞相文》。认为文天祥的死使得日月韬光，山河改色。王炎午在宋亡之后终生未曾出仕，元代人欧阳玄读了他的文章，称赞他是宇宙奇士。

还有一位比较特殊的诗人叫"汪元量"，他是钱塘（今杭州）人，善于鼓琴。宋度宗的时候以辞章给事宫廷，不久成了宫廷琴师。元兵大破临安之后，南宋恭帝及宫廷3 000余人被俘北上，汪元量也未能幸免。在大都他曾经多次去探望文天祥，文天祥为汪元量集杜甫诗句成《胡笳十八拍》，并为其作品作序。

汪元量的友人李珏跋元量所撰《湖山类稿》，称元量"亡国之戚，去国之苦。艰关愁叹之状，备见于诗"。因此称之为"宋亡之诗史"，可以说非常准确地指出了汪元量的诗歌特色。

亡国之余唯有长歌当哭，汪元量的主要诗作有《醉歌》10首、《越州歌》20首和《湖州歌》98首。《醉歌》之中，"声声骂杀贾平章"，痛斥贾似道之流荒废政事并贻误国家的罪恶；《越州歌》描述了元兵南下时半壁河山惨遭蹂躏的景象，其一云：

东南半壁日昏昏，万骑临轩趣幼君。

三十六宫随辇去，不堪回首望吴云。

又有《湖州歌》依次记述"杭州万里到幽州"的所历所感和所见所闻，其中一首云：

> 北望燕云不尽头，大江东去水悠悠。
>
> 夕阳一片寒鸦外，目断东南四百州。

景真情挚，非有切身感受者不能道。将人们带回那大宋灭亡的现场，震撼人的心灵。

汪元量后来以黄冠道人的身份南归，写了不少反映在元朝统治下人民的悲惨生活，依旧是"宋亡诗史"的一部分。

明末清初的时候，文学家王猷定曾经说过："古帝王相传之天下，至宋而亡。存宋者，遗民也。"和"天能亡宋于溺海之君相，而不能亡宋于天下之人心。"另一位大学者屈大均解释道："一布衣之人，曷能存宋？盖以其所持者道，道存则天下与存。"

遗民存宋，他们用自己的血泪和生命捍卫着文化的尊严。文字生死之间，声名千秋万载。

胡三省旷代有知音

抗战期间，北平沦陷。著名历史学家陈垣先生滞留城中。身处日寇统治之下，他闭门不出，潜心著述。一日，他读到胡三省的《资治通鉴音注》，竟忍不住流泪。他将此书潜心研读3年，写出了《通鉴胡注表微》，这是他的一部里程碑式的学术著作。

胡三省，何许人也？为何他的书会让陈垣先生读得流泪？

《通鉴胡注表微》写作时间是20世纪40年代，上溯700年，正是南宋淳祐年间。此时胡三省还是少年，然而家中遭遇变故，对他严加教育并寄予厚望的父亲去世了。他本来排行第三，但是两位兄长早夭，所以他要独立地面对生活的重担。他的父亲生前教他学《资治通鉴》，并希望他对《资治通鉴》能够勘正注释。怀抱着父亲的遗愿，顶着生活的艰辛，他在操持家事之余，刻苦攻读。晨昏之际，手不释卷。

保祐4年（1256年）的进士榜是神奇的一榜，这一年，胡三省、文天祥、陆秀夫和谢枋得等同登进士第。胡三省被任命为吉州泰和尉，但是他是浙江宁海人，家中还有老母亲需要照顾。于是他没有赴任，后改任庆元府慈溪尉。他在慈溪任职5年，后来由于他的刚直不阿，得罪了顶头上司庆元府（今宁波）知府厉文翁。遭到弹劾，被罢了官。不久之后，又以"文学行谊"举荐，担任扬州江都丞。

后来胡三省一度担任宋末名将李庭芝的幕僚，咸淳6年（1270年）回到了杭州。自从登第之后，胡三省在案牍之余致力于《资治通鉴》的勘校工作。虽公事冗繁，仍坚持不懈。"宦游所至，见有不同版本之《资治通鉴》，务必搜罗；遇有《资治通鉴》方家，即登门求教"，在杭州时已编就《资治通鉴广注》97卷。

贾似道有个门客叫"廖莹中"，是个刻书家兼藏书家，学识很广。闻得胡三省大名，他遂出重金聘请胡三省校勘《资治通鉴》，以教授弟子。胡三省又撰写了《准校通鉴凡例》一文，不久廖莹中又将胡三省推荐给贾似道。

咸淳11年（1275年），胡三省任贾似道幕僚，从军江上。时沿江京芜制置使汪立信会同胡三省向贾似道陈《江防三策》，触怒了贾似道，汪立信罢职。也就在这一年，贾似道督师芜湖，大败于吕港。自此之后，江南局势岌岌可危。胡三省浩叹回天无力，拂袖间道归里。贾似道是宋末权奸，极受后人非议，但对胡三省任贾似道幕僚这件事情要报以同情与理解。他只是一心报国救民，并没有助纣为虐，此情可谅。

南宋的灭亡带给胡三省的不仅是心理上的创伤，还要接受国破之时亡国之民的苦难。追杀南宋皇室的元军一路南下，所过之处烧杀抢掠，惨不忍睹。胡三省携带家小历尽奔波，最后避难于新昌（今广东台

山）。当他再次回到故乡家中的时候，几十年心血写成的《资治通鉴广注》已荡然无存。不可夺志的胡三省在悲痛之余变卖家产，再购《资治通鉴》发愤重新做注，当时他已经46岁。

他闭门绝客，日夜奋笔。至元21年（1284年），他又寄居到鄞县南湖袁桷家中。袁桷拜胡三省为师，对胡三省十分敬重。袁桷也当过书院山长，家中藏书丰富，为胡三省的修撰工作提供了很多便利。至元23年（1286年）《资治通鉴音注》全部完稿成编，胡三省又着手做《通鉴释文辨误》。

正在这时，一起突发事件中断了胡三省的工作。宁海杨镇龙发动起义，攻下庆元，威震浙东。胡三省再次避乱，只好把刚完成而尚未付印的《资治通鉴音注》及其他著作藏于袁家东轩的石窟中。幸运的是，起义平息后全部著作依然完整无缺。后遂流传于世，这个石窟被后人称为"胡梅磵藏书窟"。

元帝国一统天下之后，随着政权的巩固，对汉族士人多方罗致。一些士人易节归顺，如叶李和赵孟頫；有的拒不应召，如谢枋得。胡三省最为注重民族气节，当然不会应召，但是元政府肯定也会不达目的不罢休。于是在鄞寄寓日久并有卜居之心的胡三省，又毅然携带家小回到故里。并从此屏谢人事，以著书为乐。他自号"知安老人"，堂上立匾，题名《逸老堂》。在居所南筑读书室，名"读书林"。虽风烛残年，仍孜孜不倦地从事《资治通鉴音注》的修改工作，严寒酷暑不停。子女以其年高相劝阻，胡三省说："吾成此书，死而无憾。"因此他工作至大德6年（1302年）去世，享年73岁。

胡三省的《资治通鉴音注》294卷，是历史上注释《资治通鉴》最好的著作。读《资治通鉴》不可无胡三省注，已经成为"通鉴学"的常识。其注释成就可以和《三国志》裴松之注并肩，而艰辛过之；其评论水准足以和左丘明《春秋左氏传》相媲美，而感慨过之。所以胡三省可以称得上是旷代奇才，可以列入中国古代最优秀的历史学家之林。

然而这样一位旷百代而一见的史学大家，在他身后的600年里，默默无闻，不为世人所知。《宋史》中没有他的传，《元史》中也没有他的传。民国年间的《新元史》终于有了他的传记，可怜只有53字，附在宋元之际另一位史学大师和《文献通考》的作者马端临的传后。

胡三省的心迹与思想真正为人所知，是在陈垣先生于抗战时节细读《资治通鉴音注》一书的时候。陈垣先生的《通鉴胡注表微》分20篇，第1篇名为"本朝"。清代学者修《四库全书》为《资治通鉴音注》写提要的时候，称胡三省是元人。但是陈垣先生发现，胡三省在称宋的时候说的是"我朝"或者"我宋"，"观其对宋朝之称呼，实未尝一日忘宋也。"胡三省和郑思肖等遗民一样，从来都认为自己是大宋子民，怎么能够忘记呢？那是自己的父母之国啊。他在书中甚至是痛苦地呐喊："亡国之耻，言之者为之痛心，矧见之者乎！此程正叔所谓真知者也，天乎，人乎！"

这不仅仅是一部优秀的注释学著作，更是一部铭刻着胡三省的思想和情感的旷世杰作。中国古代的史学讲求春秋大义，胡三省的著作就是最好的体现。字里行间，是他对腐败政权的痛斥，对灾难深重百姓的同情，是他对故国的思念，是那种亡国之后撕心裂肺的痛感。

陈垣先生在相似的历史遭际之下，读懂了胡三省，心灵得到慰藉。600余载之后，胡三省也终于有了知音。天下万幸，莫过于此。

郑思肖与铁函心史

在南宋遗民中，郑思肖的故事感动了无数士子，深刻地影响了中华民族的精神。

有国学大师梁启超的话为证，他读了郑思肖的书之后说："此书一日在天壤，则先生之精神与中国永无尽也。"

这书是什么书？先生之精神又有怎样的内涵？我们还是从郑思肖其人谈起吧。

郑思肖生于淳祐元年（1241年），福建人，他曾经以太学高材生的身份参加了博学宏词科的考试。元军大举南下的时候，他到临安叩宫门给皇帝上书。怒斥当国者尸位素餐，恃权误国，希望能够重振纲纪。然而他激烈的言辞却击不起半点波澜，拳拳之心无人理会。他只能在诗中表达自己的愤懑，他痛切地写道："无力可为用，登楼欲断魂。"

大宋亡了，他心碎到了极点。把自己之前的名字改了，改叫"思肖"，他之前的名字后来谁也不知道了。赵的繁体字就是"趙"，趙走了。所以只能思肖，其实也就是思赵。他的字叫"忆翁"，忆是他对宋难以忘怀的记忆；他的号叫"所南"，就连平时坐卧，都要面对南方，背着北方，南在他心目中是宋的记忆与象征。

郑思肖还将自己的居室题为"本穴世界"，仔细看一下，这是个拆字组合。将"本"字之"十"置于"穴"中，隐喻"大宋"二字。这是一个小小的文字游戏，但是他却很认真，因为那寄托着自己的心灵。

他一生中大部分的时光都是在苏州度过的，过得很艰辛。他在寺院、道观和名山之间浪迹，终身未娶，没有一个家。他有一首诗叫做《飘零》，是他自己数十年生活的真实写照：

飘零书剑十年吴，又见西风脱尽梧。

万顷秋生杯后兴，数茎雪上镜中须。

晴天空阔浮云尽，破屋荒凉俗梦无。

唯有固穷心不改，左经右史足清娱。

他始终不曾忘记故国，他的画是当时一绝。宋亡之前，他和书画家赵孟頫是至交。但是后来赵孟頫做了元朝的官，郑思肖就和他绝交了。

他最擅长的是作墨兰，宋亡之后，他画的兰花叶萧疏而没有根土。别人问他为什么，他说土地被人夺走了，难道你不知道吗？故国已逝，他自己成了漂泊者，在漫漫岁月里无尽漂泊……

他到底在坚守什么？又是怎样的信念支撑着他的坚持？

他在《画菊诗》中写道：

> 花开不并百花丛，独立疏篱趣无穷。
>
> 宁可枝头抱香死，何曾吹落北风中？

菊花不与百花同时开放，她是不随俗不媚时的高士，傲然独立。南和北这些词汇都有深刻的情感在其中。"宁可枝头抱香死，何曾吹落北风中"写菊花宁愿枯死枝头，决不被北风吹落。描绘了傲骨凌霜，孤傲绝俗的菊花。表示自己坚守高尚节操，宁死不肯向元朝投降的决心。这是郑思肖独特的感悟，是其不屈不移且忠于故国的誓言。抱香而死，决绝而凄美。

然而，像独立的菊花一样，他很孤独。对他来说，失去了故国就像是失去了母亲，他就是一个孤独的孩子，他自称"孤臣"。随着时间的流逝，宋越来越成为一个远去的符号和记忆，慢慢地淡出人们的视线，他曾经的一些朋友也选择了新的开始。

可是他依然坚持，至死坚持。这种坚持必然是痛苦的，然而这又是怎样一种痛苦呢？

我们无法读懂他的心，直到一本书的出现。这本书元朝没有人读到过，明朝也没几个人读到过。那是在明朝崇祯11年（1638年），也就是明朝灭亡前6年，在苏州承天寺的一口井里，僧人们发现了一个铁函，就是一个铁盒子。铁盒子里面有一本书，扉页上写着"大宋孤臣郑思肖再拜书"。

这就是著名的《心史》，也叫做《铁函心史》。这是郑思肖用心蘸着血写下的，"呕三升血，方能书此，后当有具眼识之"。梁启超说他读这本书的时候，每尽一篇辄热血腾跃一度。陈寅恪把自己的著作比作"所南心史"，他在诗中说"孙盛阳秋海外传，所南心史井中全。文章

存佚关兴废，怀古伤今涕泗涟"。

元军攻下临安的那一年，郑思肖35岁。《心史》就是他生命的后40年所写的诗文汇编，有《大义集》和《中兴集》等，光看这几个名字就知道他的心思所系。

《心史》中的所有文字都饱含血泪，郑思肖讴歌了南宋的爱国志士。痛斥了奸臣佞徒，控诉了元军的暴行，充分表述了自己的爱国与忠诚。他在《过徐子方书塾》诗中说："不知今日月，但梦宋山川。"在《八励》诗中说："泪如江水流成海，恨似山峰插入天；"在《二砺》中说："胸中有誓深如海，肯使神州竟陆沉。"慷慨激越，足征忠肝义胆。

这些诗都使用很直白的表达方式，他自己说"但写肺腑苦，不求言语奇"。语言直接从他的肺腑里流出来，强烈的情感直逼阅读者的心灵。

《心史》是郑思肖将一生奇气伟节之作合为一书的汇编，是其特立独行的证据。他将书埋在井中，只为等待后世的知音。

中国古人著述立言并非为了显摆，而是要藏诸名山传之其人，所以这一行为并不难理解。《心史》在枯井中沉埋达350余年之后重见天日，必将光照千古。

然而《心史》出井后从清朝开始，直至上一世纪80年代历经360余年，始终存在两种迥然不同的意见。一些文人学者肯定《心史》出自郑思肖之手，是真迹；而另一些人则持一种"伪书说"，全盘否定这部奇书的价值。

也许各自有各自的理由，但是有一个必须考虑的问题是如果没有郑思肖那样的奇气伟节，没有那样的才华文思，又有谁能写出这样的文字？文字可以是委托的，但是那种发自肺腑的情感如何作伪？

《心史》是不朽的，自出世以来，在明清易代及近代民族危亡的时刻，它都生发出一种伟大的精神。鼓舞着一个民族的士气，激烈着民族的爱国心，成为极具战斗力的精神武器。

这也深刻地告诉我们，我们的身上依旧流淌着大宋的血脉。从文化上讲，我们每个人都是大宋遗民。

直到不久前，温家宝总理在回答台湾工商时报记者关于台湾问题时，引用的一句诗："一心中国梦，万古下泉诗。"这句诗就出自郑思肖的《德佑二年岁旦》，全诗为：

> 力不胜于胆，逢人空泪垂。
>
> 一心中国梦，万古下泉诗。
>
> 日近望犹见，天高问岂知。
>
> 朝朝向南拜，愿睹汉旌旗。

1318年，宋亡之后39年，郑思肖也走到了生命的尽头。临终前，他对友人说我死之后，希望你在我的牌位上写上"大宋不忠不孝郑思肖"。

这句话不知道会让多少人蒙羞，如果郑思肖是不忠不孝，那么谁又敢称是忠孝？

二、四大书院

中原双星

宋代繁荣的文化得益于宋代发达的教育，而宋代教育发达最明显的表示就是书院的兴盛。著名学者胡适在《书院制史略》中说"在一千年以来，书院实在占教育上一个重要位置。国内的最高学府和思想的渊

源，唯书院是赖，盖书院为我国古时最高的教育机关。所可惜的，就是光绪政变，把一千年来书院制完全推翻，而以形式一律的学堂代替教育。要知我国书院的程度，足可以比外国的大学研究院"。

纵观几千年中国文化史，宋代书院可以称得上是"史上最牛大学"。人们常说宋代四大书院，不过哪4个说法纷纭。就像今天讲哪几所学校是世界一流大学，肯定是说法不一。比较重要的说法有：

南宋大诗人范成大说徂徕、金山、岳麓和石鼓是四大书院。

南宋大学者吕祖谦讲嵩阳、岳麓、睢阳和白鹿洞是四大书院。

宋元之际大学者马端临认为白鹿洞、岳麓、石鼓和应天为四大书院。

到了清代，著名学者全祖望提出嵩阳、睢阳、岳麓、白鹿洞是北宋四大书院；岳麓、白鹿洞、丽泽和象山为南宋四大书院。

应该说，宋代有很多著名书院，像石鼓书院、徂徕书院、茅山书院、华林书院、丽泽书院、象山书院和白鹭洲书院等都是其中的翘楚。从两宋数百所书院中挑出4所有名的出来很容易，但是要让所有人达成共识却很困难。不过关于四大书院流传最广的说法是应天府书院、嵩阳书院、岳麓书院和白鹿洞书院，这4所书院对宋代文化以及宋以后的中国文化的发展产生了深远的影响。尽管可能有所缺漏，但是这4所书院确实很有代表意义。

位于商丘的应天府书院和位于登封的嵩阳书院，是中原大地上两颗耀眼的明星。在北宋文化史上，它们的地位不可撼动。

从人才培养来看，应天府书院无疑是北宋书院中首屈一指的。

分裂动荡的五代十国时期，作为历来兵家必争之地的中原，官学遭受破坏进而庠序失教的状况较全国各地更为严重。民间的文化力量却极为坚韧，私人创办书院和学舍之风便如雨后春笋般兴起，作为应天书院前身的南都学舍就是在这个时期建立。

南都学舍由当时宋州热心教育的知名人士杨悫创办，并且得到了当地最高军政长官将军赵直的鼎力相助。杨悫悉心培养了一位杰出弟子，叫做"戚同文"。杨悫死后，戚同文为了报其教育之恩，在赵直的帮助下筑室教书授徒，学生有百余人。宋初的著名人物许让、宗度和王砺等进士皆出其门，一时间声震朝野。

建隆元年（公元960年）归德改称"宋州"，北宋政权为选拔急需人才，实行开科取士。南都学舍的生徒参加科举考试，登第者有五六十人之多。文人和士子慕戚同文之名不远千里而至宋州求学者络绎不绝，出现了"远近学者皆归之"的盛况，南都学舍逐渐成为一个学术文化交流与教育的中心。

宋太宗太平兴国元年（公元976年），戚同文去世。虽受赠礼部侍郎，但南都学舍的工作却一度中断。

宋仁宗初年，北宋著名文学家晏殊任应天知府。任职期间，晏殊对书院教育极为重视。他大力聘请名师任教，使应天书院得到了较快的发展。宋仁宗庆历3年（公元1043年），又将应天书院改为南京国子监，与东京（汴梁）国子监和西京（洛阳）国子监并列为全国最高学府。

范仲淹与应天书院有不解之缘，学成于应天书院的他，后又授学于这所书院。促成并见证了应天书院的最辉煌时期，使京东之学风一时大振。

那是在宋仁宗的时候，范仲淹因母亲去世，遂辞去了兴化县令的职务在应天居丧。晏殊特聘服丧在家的范仲淹主讲于应天书院，范仲淹欣然受命，"日于府学之中，观书肄业，敦劝徒众，讲习艺文，不出户庭"。

有一个故事足以成为教育史上的佳话，范仲淹主持应天书院的时候，有个姓孙的穷秀才乞讨着前来拜谒他，范仲淹就给了他1 000文

钱。第2年，这位孙秀才又来了。范仲淹又给了他1 000文钱，并问他为啥不安心读书，而要汲汲于道路？孙秀才戚然动色，说："母老无以养，若日得百钱，则甘旨足矣。"

范仲淹一听，觉得他是块读书的好料，说："我听你说话，从言语之间觉得你不是乞客，这两年匆匆忙忙风尘仆仆能得到什么呢？严重地荒废学业。我现在给你补一个学职，一个月可以得到3 000文钱，你能安心学习吗？"

这真是天上掉下来的好事，大喜过望的孙秀才从此就跟随范仲淹学习《春秋》。孙秀才是一个吃过苦的人，学起习来那也是废寝忘食，颇有范仲淹当年之风。又过了一年，范仲淹服丧期满。离开睢阳到京城上任，孙秀才也辞去学职回家去了。

又过了10年，范仲淹听说山东泰山脚下有一个叫"孙明复"的先生。道德高尚，以传授《春秋》而闻名天下。原来，孙明复就是当年跟随范仲淹学习《春秋》的孙秀才。不久，孙明复就被朝廷召到太学任教。对于这件事，范仲淹感慨道："贫之为累亦大矣，傥因索米至老，则虽人才如孙明复者，犹将汩没而不见也。"

由于名师任教，整饬学风，四方学者纷纷慕名前来就学。范仲淹凭借自己渊博的知识、严谨的治学精神和忧国忧民的言行，赢得了学生的拥护和爱戴。应天书院在全国的地位达到了空前未有的高度，一时"人乐名教，复邹鲁之盛"，俨然为中州一大学府。北宋中叶的政治与文化名流如孙复、胡瑗、石延年、韩琦、富弼、文彦博及蔡襄等都是从这里走出，为这所书院赢得了无上的荣光。

《诗经》中说："嵩高维岳，峻极于天。"嵩山少林，威震天下。不过嵩山不仅仅是佛教名山，三教均有自己的立足之地，少林寺、中岳庙和嵩阳书院鼎立而三。

著名学府嵩阳书院坐落在气势磅礴的嵩山南面，书院是儒家文化的圣地，然而在五代之前它却是佛教和道教文化场所。早在北魏孝文帝太和8年（484年），这里就修建了嵩阳寺；而隋唐的时候，又改为嵩阳观；到了五代后周的时候才建成了书院。宋朝崇尚文治，太宗至道3年（997年）赐名"太室书院"，还赐给《九经》；宋仁宗景祐2年（1035年）赐名"嵩阳书院"。

离嵩阳书院不远的地方是在历史上具有盛名的崇福宫，它是朝廷"设祠禄之官，以佚老优贤"的场所。其实就是闲官，但这些闲官对嵩阳书院的发展起着很重要的作用。因为能够担任此闲官的通常都是名臣大儒，是学术界的风云人物，而领崇福宫的官职之后通常就会在嵩阳书院讲学。

宋代到嵩阳书院讲学的大师有范仲淹、司马光、张载，以及杨时等，《资治通鉴》的一部分是司马光在这里编定的。在这些名师之中，对嵩阳书院的发展最具历史意义的是二程兄弟的到来和讲学。

如果说范仲淹是应天书院的灵魂人物，而二程则是嵩阳书院的核心人物。

二程曾经在嵩阳书院讲学多年，当时各地的学者慕名而来。多的时候甚至有数百人，可见他们的学术号召力之强。治平3年（1066年）程颐在嵩阳书院用理学的观点讲授《论语》、《孟子》、《大学》和《中庸》，将这四书作为学生学习儒家思想和探寻孔子本意的基本教材，后来朱熹编辑的《四书集注》就是程朱理学最为著名的代表之作。

程颢讲学循循善诱，后人说"先生之门，学者多矣。先生之言，平易易知，贤愚皆获其益。如群饮于河，各充其量"，而程颐颇为严格，"平生诲人不倦，故学者出其门最多。渊源所渐，皆为名士"。总而言之，名师出高徒。他们的弟子后来遍布全国各地，将他们的学术思想广泛传播。到了南宋，经过朱熹和张栻等人的努力，理学在南宋后期成为正统学说并统治后宋中国数百年。

靖康之变后，中原的书院风光不再。无法再担当文化传承的重任，但是它们曾经在文化史上的重要作用一直为后世所铭记和颂扬。

岳麓书院

五代战乱，文教不兴。然而民间却孕育着文化的力量，那就是民间书院的萌芽。宋初天下走向太平，形成了兴办书院的热潮，岳麓书院应运而生。

不过要说起岳麓书院的源头，还得提到两位和尚，一个叫智璿；另一个连名字都没留下来。他俩虽说是和尚，但对儒学很推崇。于是就在岳麓山下找了块地方，建了几所房子，购买了一些书籍。当地的读书人有地方住，有书读，然后就有了一个学校的雏形。

开宝9年（976年）的时候，潭州太守朱洞把这个僧人办的学校扩建了一下，岳麓书院诞生了。后来的潭州太守李允则在真宗朝继续扩建，又请朝廷赐了很多书。大中祥符5年（1012年），周式任岳麓书院山长，他是见于岳麓书院史志记载的第一位山长。

山长这名字听起来就有一种高逸且位尊的味道，却又显得很亲切。山长是书院的主持者，不是一个官职，这在官本位的中国实在是难得。山长一般由那些德高望重、学识渊博且热心教育的人物来担任，周式就是这样一位人物。他是位很优秀的教育家，一下子就把岳麓书院办成了国内知名院校，自己也成了教育界的名人。

宋真宗一直很关注岳麓书院，听说周式学问好，办学办得不错。于是召见了他，还让他当国子监主簿，留在宫中讲学。对于一般削尖脑袋往上爬的利禄之徒来说，这是千载难逢的机会。可是周式不干，他坚持要回岳麓执教。

周式的坚持让宋真宗大为感动，于是答应让他回山，还赐给他一些书籍。并亲笔题写了"岳麓书院"的匾额，这下岳麓书院的名气更大了。

不过，真正使岳麓书院在教育领域有了不可撼动的地位还是在南宋，这是岳麓书院的鼎盛时代。

乾道元年（1165年），岳麓书院也迎来了一位伟大的教育家——张栻。张栻对于岳麓书院的贡献，就好比蔡元培之于北大，梅贻琦之于清华，张伯苓之于南开。张栻并没有当山长，因为他认为自己的老师胡宏都没有担任这一职务，而自己又怎能轻易居于此位呢？于是他以教授的身份代行山长的职责。

张栻在上任伊始，就写了一篇《岳麓书院记》。指明教育宗旨不是为了科举考试升官发财，也不是让一帮闲人饱食终日言不及义，而是要"成就人才，以传道而济斯民"，这种精神恐怕也是今天所需要的大学精神。

张栻不主张学生为了应付科举考试而死读书，而是要让学生到了这里之后得以传道授业解惑。他要把儒家经世济民的大道传播天下，要通过老师与学生相互问难论辩的方式来答疑解惑，类似于今天所讲的以素质教育取代应试教育。

张栻还有一项贡献就是他把岳麓书院办成研究型大学，把它建设成高水平的学术基地。所以他邀请很多学界名流前来讲学交流，比如朱熹来与张栻会讲，成为教育史上的盛事。湖湘学子闻风而来，潜心学术。最后以此为主要基地，著名的湖湘学派得以壮大。就像今天常说的哈佛学派、剑桥学派和清华学派一样，在学术界有着极高的地位。

总而言之，张栻主持下的岳麓书院充满着现代教育精神，他是南宋岳麓书院的首位功臣。

绍熙5年（1194年），任知潭州兼湖南安抚使的朱熹到了潭州。他以治教为重，关心书院的建设和发展。他在短暂的任期中还到岳麓书院讲学，并且为岳麓书院制定了学规，即《朱子书院教条》。《朱子书院教条》为书院规定了教育方针、培养目标、修身治学准则，以及日常作息安排。这是岳麓书院第1次有了正式的学规，朱熹是南宋岳麓书院的第二功臣。

岳麓书院在张栻和朱熹二人的悉心关照之下，培养出了一批又一批德高学硕之才和忠肝义胆之士。他们中的很多人选择以教育为终生职

业，到各地讲学、主持书院并传播理学。而在南宋即将灭亡的时刻，他们用自己的义举上演了历史上极为悲壮的一幕。

南宋末年，强悍的蒙古大军挥师南下。德祐元年（1275年），元猛将阿里海牙兵围潭州城，却遭到了潭州知州兼湖南安抚使李芾的顽强抵抗，岳麓书院的老师尹谷担任他的参谋。岳麓书院的文弱学生毅然放下手中的书本，荷戈登城，与强悍的蒙古兵展开激烈的肉搏。

这固然是场以卵击石的战斗，但是战争中南宋军民，尤其是岳麓师生表现出来的意志令人感动。在援兵久久不至的情况下，尹谷和家人诀别说："吾以寒儒受国恩，典方州，谊不可屈，若辈必当从吾已耳。"然后全家纵火自焚。尹谷死后，"诸生数百人往哭之"。而城破之时，大批学生战斗到最后一滴血。

南宋遗民诗人郑思肖在诗中深情地吟道：

举家自杀尽忠臣，仰面青天哭断云。

听得北人歌里唱，潭州城是铁州城。

这种民族气节和爱国精神是他们在岳麓书院中熏染出来的，后人赞誉为"南轩先生（张栻）岳麓之教，身后不衰"。

白鹿洞主

白鹿洞书院位于江西庐山五老峰的东南方向，景色清幽，风光秀丽，是一所花园式的顶级学府。

在有名的书院之中，白鹿洞的资历应该算是最老的。唐德宗的时候，学者李勃在这里隐居读书，他养了一头白鹿自娱。白鹿跟着他渐通人性，据说能够到城里面给主人买笔墨纸砚，很是神奇，李勃于是被称为"白鹿先生"。由于书院地形奇特，像个山洞一样，所以被称为"白鹿洞"。后来李勃当了大官，就在这里广植花木。使得这里成为风景名胜，学士文人纷纷来访。

后来南唐先主李知诰创办了白鹿洞国学，亦称"庐山国子监"。从而成为高等学府，九经教授李善道为首任掌门人。因为是个洞，所以称"洞主"，听起来比山长更为野性，后来的词人皇帝李璟和李煜都对庐山国学爱护有加。

宋开宝年间，宋军攻占江州（今九江）。太平兴国2年（977年），江州知州周述将白鹿洞的办学情况向朝廷报告，并恳请赐书。宋太宗就把国子监刻本九经赐给书院，还让人一直送到洞里面去，这是白鹿洞书院历史上的第1次皇帝赐书。由于得到皇帝的青睐，所以遂扬名天下。

不过，历史真是难料。皇祐年间，由于兵火书院竟被毁掉了，从此荒废了百余年。直到一个伟大人物来到这里，它才重现生机，并迅速地再次成为顶级学府。这个伟大人物就是朱熹。

那是南宋淳熙6年（1179年），朱熹担任知南康军的职务。他亲自到书院的遗址查看，山清水秀，四面环合，实在是个讲学著述的好地方。热心教育的朱老师追忆历史，不胜感慨："现在佛寺道观不计其数，修得都是富丽堂皇。而儒者旧馆就这么一处，又是唐朝时候的名胜古迹，并有太宗皇帝的钦赐经书。竟然一旦荒废之后没人管了，实在令人寒心。"于是他下定决心要把白鹿洞书院给恢复起来。

不过，这事进行起来可真不简单。朱熹给朝廷上奏章打报告，竟然没有人理他，还有好些人嘲笑他。不过朱熹不愧为大教育家，颇有办事的魄力。一年不到就将书院修复完毕，并举行了开学典礼。他自己担任洞主，还亲自授课。他当时赋诗一首：

重营旧馆喜初成，要共群贤听鹿鸣。
三爵何妨莫萍藻，一编讵敢议明诚。

深源定自闲中得，妙用元从乐处生。

莫问无穷庵外事，此心聊与此山盟。

朱熹为白鹿洞书院付出了自己的心血，这个书院是他一生最成功的事业之一。他修建房屋，购买学田。聚集图书，延聘师长。招收生徒，制定教规。事必躬亲，无微不至，遂使得白鹿洞书院成就了不朽的声名。

关于朱熹办白鹿洞书院，还有两件事不得不提。

一是朱熹制定的白鹿洞学规，内容如下：

1. 教之目：父子有亲，君臣有义，夫妇有别，长幼有序，朋友有信。
2. 学之序：博学之，审问之，慎思之，明辨之，笃行之。
3. 修身之要：言忠信，行笃敬，惩忿窒欲，迁善改过。
4. 处事之要：正其谊，不谋其利；明其道，不计其功。
5. 接物之要：己所不欲，勿施于人；行有不得，反求诸己。

可不要小觑这个学规，《白鹿洞书院教条》不但体现了朱熹以"格物、致知、诚意、正心、修身、齐家、治国、平天下"等一套儒家经典为基础的教育思想，而且成为南宋以后中国社会700年书院办学的基本精神，也是教育史上最早的教育规章制度之一。而至今在日本的一些学校还要诵读这些学规，在中国反倒被人们淡忘了。

二是请陆九渊讲学。陆九渊在学术上是朱熹的死对头，但是朱熹以博大的胸襟，邀请陆九渊前来讲学。时间是在淳熙8年（1181年）2月20日，二人相见，气氛融洽。湖光山色，陶醉不已。陆九渊遂就《论语》中的"君子喻以义，小人喻以利"发表了慷慨激昂的演讲。

陆九渊是天才的演讲家，加上他深厚的思想底蕴，讲得口若悬河且滔滔不绝。沉郁顿挫的音调回荡在听讲的学生心中，痛快人心的语句直逼人的心灵。听得人汗出泪下，实在是太激动太感动太震撼了。二月份的时候南方的天气还很寒冷，而朱熹也是听得汗水涌动，最后竟然拿起扇子扇了起来。

演讲完之后，朱熹当场起身离席说我应当和学生们一道坚守理念，不忘记陆先生的训导。他后来请陆九渊把这讲义写下来，刻碑立在书院之中。又为讲义写了一篇跋，说这篇讲义明白晓畅，恳切诚挚。而且切中学者隐微深痼之病，听的人没有不悚然动心的。

陆九渊到底讲了什么，让朱熹和那么多的学子激动和感动？下面就是陆九渊的讲义：

子曰：君子喻于义，小人喻于利。

此章以义利判君子小人，辞旨晓白。然读之者苟不切己观省，亦未能有益也。某平日读此，不无所感。窃谓君子于此，当辨其志。人之所喻，由其所习，所习由其所志。志乎义，则所习必在于义；所习在义，斯喻于义矣。志乎利，则所习必在于利；所习在利，斯喻于利矣。故学者之志，不可不辨也。

科举取士久矣，名儒钜公皆由此出。今为士者固不能免此。然场屋之得失，顾其技与有司之好恶如何耳，非所以为君子小人之辨也。而今世以此相尚，使汩没于此而不能自拔，则终日从事者，虽曰圣贤之书，而要其志之所向，则有与圣贤背而驰矣。推而上之，则又惟官资崇卑、禄廪厚薄是计，岂能悉心力于国事民隐，以无负于任使之责哉？从事其间，更历之多，讲习之熟，安得不有所喻？顾恐不在于义耳。诚能深思是身，不可使之为小人之归，其于利欲之习，恒焉为之痛心疾首，专志乎义而日勉焉，博学、审问、慎思、明辨而笃行之。由是而进于场屋，其文必皆道其平日之学，胸中之蕴，而不诡于圣人。由是而仕，必皆共其职，勤其事，心乎国，心乎民，而不为身计，其得不谓之君子乎？

陆九渊在这里其实是给走在科举道路上的士子们指点迷津，为什么这样说呢？科举制度作为一种选拔人才的体制，名儒钜公皆由这一途径而产生。但是科举考试的成败取决于考生的考试技巧和考官的好恶，与考生的道德素质没有关系。这样一来，儒家经典不就只是敲门砖了吗？既然如此，读圣贤书的真正意义又在什么地方呢？但倘若不参加科举，又怎么能够完成治国平天下的使命呢？

宋代有很多大儒批评科举，认为这种体制让天下士子唯利是图，败坏风气。因此处于这样一种体制之下的学子很是苦恼，但是没有解脱之道。

陆九渊说区分君子和小人，主要看一个人的志向。要是一个人通过参加科考而做官，为的是一展平生所学，从而安邦治国，拯斯民于水火之中。为天下苍生尽心尽力，这就是君子，符合圣人之道；要是一个人总是想着俸禄高低，想着如何升官，那么他虽然读着圣贤书，志向和行为都是与圣贤背道而驰，是实实在在的小人。

陆九渊通过对"志"的强调，区分了君子和小人，这样就把科举与儒家的人生理想结合起来了。士子们平日的苦恼涣然冰释，怎能不激动呢？而这一点也是朱熹平时没有讲到的地方，所以很是感动。

一个这样伟大的洞主，一条著名的学规，再加上这样一次绝无仅有的演讲，白鹿洞书院名声永远不会磨灭。

三、大宋之魂

皇帝与士大夫共治天下

宋朝哪个皇帝最优秀？你可能会想到开国之君宋太祖，或者锐意变法的宋神宗。不过在宋朝人眼里，那个当了42年皇帝并没有什么特别之处的仁宗皇帝是最好的皇帝，称他为"一代圣君"，这其中的原委何在？

先看一个故事，故事发生在苏氏兄弟和宋仁宗之间。殿试的时候，大文豪苏轼写了《御试制科策》把当时的朝政大骂一通。他的弟弟苏辙更是无所忌惮，直言仁宗怠于政事。说仁宗虽然有忧惧之言，但是没有忧惧之诚，"无事则不忧，有事则大惧。"还指责仁宗沉溺声色之乐："陛下自近岁以来，宫中贵姬至以千数。歌舞饮酒，欢乐失节。坐朝不闻咨谟，便殿无所顾问。"总而言之，堂堂皇帝竟被他俩说得一无是处。

仁宗先是看到了苏辙的这篇文章，当时有大臣说应该黜落此人，但是仁宗皇帝说："吾以直言求士，士以直言告我。今而黜之，天下其谓我何！"然后他又读到苏轼的文章，高兴地说："朕今日为子孙得两宰相矣。"

宋代的读书人最喜欢发议论，讲道理。若是议论一些日常小事，当然没什么问题。但是要是论朝政大事，那就很有可能触犯天威，祸福难测。而仁宗皇帝就像他的谥号一样，是一个特别仁厚的人。王安石主张变法，对仁宗朝政很不满。但他说到仁宗，依然是赞不绝口，说他这么多年没有妄杀一人。

宋朝的士大夫生活在一个自由开明的政治环境中，所以能够自由地发表言论，议论国是。而且皇帝还鼓励他们议论国是，因为他们有一个共同的理念就是道理最大。苏轼在《上神宗皇帝书》说："历观秦、汉以及五代，谏诤而死，盖数百人。而自建隆以来，未尝罪一言者。纵有薄责，旋即超升。"不罪一言，这是很难做到的。

士大夫的言论自由是有制度保障的，宋太祖夺得天下后不久，建隆3年就立下戒碑："不得杀士大夫及上书言事人，子孙有渝此誓者，天必殛之。"除南宋初年的陈东和欧阳澈因上书被杀外，宋代诸帝基本上遵守了这一遗训。

宋朝人觉得仁宗不以一己之私而以天下为念，最重要的是仁宗不是喜欢专断独裁的皇帝。他总是把事情让宰相们议论，不自可否。对大臣们很信任，这让士子们感觉到了自身的价值所在。

其实，宋朝的士人觉得皇帝最好就是一个牌位，大家供奉着他就行了。程颐就说天下治乱系宰相，皇帝只需听大臣们在经筵上讲讲课，培养一下自己的品德。读书人最大的梦想就是当上帝王师，格君心之非，教导皇帝怎么当一个明君。仁宗皇帝很符合宋代读书人的心理，他很好学，很宽厚。不独断，不嗜杀。完全按照祖宗的既定方针办事，所以宋朝人觉得他是难得的好皇帝。

宋代这种良好的政治生态是建立在皇帝与士大夫共治天下的政治架构之上的，文彦博与王安石辩论脱口而出："皇帝应与士大夫共治天下。"这是当时士人视若当然的思想观念。

这样皇权就得到了有效地制约，比如神宗年间的这个故事就很有代表性。当时，宋军在陕西与西夏人作战失利。神宗十分恼火，迁怒于一位负责粮草运输的官员，下令将其处死。

第2天，宰相蔡确有事向神宗禀报，神宗就问他："昨天朕御批处斩此人，是否执行？"蔡确说："还没有，我正想上奏这件事。"神宗说："难道还有什么疑问吗？"蔡确说："开国以来，没有杀过文人，臣等不希望陛下开这个先例。"神宗考虑了半天，说："那么就在他脸上刺字，发配到偏僻、遥远且贫穷的地方去。"门下侍郎章惇说："这样的话，还不如杀了他呢。"神宗问："为什么？"章惇说："士可杀而不可辱。"

一句话激怒了宋神宗，他声色俱厉地说："朕就连一件痛快事也做不成!"章惇却回嘴说："像这样的痛快事，做不成也好。"

最后神宗皇帝也没辙，只得遵从群臣的意见。

我们前面提到一个人叫"林栗"，历史上他因为与朱熹的矛盾而遭受非议。但是他本人为人强介有才，只是性子比较急。宋孝宗登基后，考虑到高宗朝秦桧这样的权臣专权，于是他想躬揽权纲。一人独断，不以责任臣下。林栗就进言说："人主莅权，大臣审权，争臣议权。王侯、贵戚善挠权者也，左右近习善窃权者也。权在大臣，则大臣重；权在迩臣，则迩臣重；权在争臣，则争臣重。是故人主常患权在臣下，必欲收揽而独持之，然未有能独持之者也。不使大臣持之，则王侯、贵戚得而持之矣；不使迩臣审之，争臣议之，则左右近习得而议之矣。人主顾谓得其权而自执之，岂不误哉。是故明主使人持权而不以权与之，收揽其权而不肯独持之。"

宋孝宗听到这些话，觉得林栗说得很对，这也是宋代士大夫普遍认同的一种观念。

由此可见，宋代的政治称得上是士大夫政治，士大夫在政治生活中发挥着主体作用。这样的政治显得开明且有序，并显示出自由的空间，可以说宋代也是士大夫最为自由的一个时代。

宋朝的时候，学生运动很激烈，历史学家黄砚璠说我国大学生的救国运动"始于汉，盛于宋"。宋朝的学运对政局的发展很有影响，结对请愿，罢课要求。规劝君主，攻击宰相。宋代太学不独为学术最高学府，也为社会舆论之喉舌。大学生们发表意见，组织运动的权利得到保障，朝廷不会派大军镇压。陈东和欧阳澈被杀是例外，他们死了之后皇帝还要表示悔过。比起汉朝的党锢之祸，以及北洋军阀时代枪杀爱国青年，他们还是很幸运的。

还有一个宋代农民的故事很值得回味。

也是在宋仁宗的时候，有名的红杏尚书宋祁同志记载了这么一件事。一天他来到开封郊外观赏，见到一位老农，便上前作揖并问道：

“丈人甚苦暴露，勤且至矣！虽然，有秋之时，少则百囷，大则万箱，或者其天幸然？其帝力然？”意思是说您这么辛苦，不过到了秋天就丰收了。粮食成堆，你说这是老天的赏赐呢？还是皇帝的恩惠呢？

老农听了大笑，说了一段令人拍案叫绝的话：

> 何言之鄙也！子未知农事矣！夫春膏之烝，夏阳之暴，我且踦跂竭作，杨芟捽中，以趋天泽；秋气含收，冬物盖藏，我又州处不迁，亟屋除田，以复地力。今日之获，自我得之，胡幸而天也！且我俯有拾，仰有取，合锄以时，衰征以期，阜乎财求，明乎实利，吏不能夺吾时，官不能暴吾余，今日乐之，自我享之，胡力而帝也！吾春秋高，阅天下事多矣，未始见不昏作而邀天幸，不强勉以希帝力也！

说完之后，竟扬长而去，让宋祁同志一个人在那目瞪口呆。

这位农民大爷的话有点复杂，当然肯定是经过了宋祁同志的润色，不过他讲的道理宋祁肯定没有记错。他首先就把宋尚书给臭骂一顿，说你这话也太没水平了，你对三农问题真是一点都不了解。我顶着烈日，冒着酷暑。风霜雨露。春耕夏作，秋收冬藏。最后丰收了，完全靠我自己，关老天屁事；那些官吏我也不在乎，我自己艰苦奋斗，丰衣足食，关皇帝老儿鸟事。而且我这一大把年纪的人了，见的事多了，没见过不昏作而渴求天幸的，也没见过不努力而希求皇恩的。

宋尚书估计是想了解一下民情，关心一下民间疾苦，并宣扬一下皇恩浩荡。结果被这老农给训斥了一顿，给了他心灵上的震撼。于是就记了下来，让我们也有幸领略大宋农民自尊自信自强的风采!

士者，天下之精神

陈寅恪先生说：“天水一朝之文化，竟为我民族遗留之瑰宝。”所谓天水一朝，就是指赵宋王朝。因为天水乃赵氏郡望，故而以天水代替赵姓。宋朝已经成为历史，那些人物与风物俱已化作烟云，但是却留下厚重的历史遗产。在这厚重的历史遗产中，最值得我们珍视的是宋代士大夫的精神，那是永不磨灭的大宋之魂。

什么是"士"？南宋学者王万有句话说得好："士者，国之元气，而天下之精神也。故可杀可贫不可辱者，谓之士。" 对于士人来说，最重要的就是一种"富贵不能淫、威武不能屈和贫贱不能移"的精神，是一种"为天地立心、为生民请命、为往圣继绝学和为万世开太平"的精神。

士当以天下为己任，这是宋代士大夫的精神宣言。其最典型的代表是范仲淹，他在《岳阳楼记》中提出文人士大夫必须"进亦忧，退亦忧"，而且是"先天下之忧而忧，后天下之乐而乐"。这种"进退皆忧"和 "先忧后乐"的精神，是范仲淹思想、品格与修养的结晶，集中体现了他的人生观与社会观。作为当之无愧的大宋第一人，范仲淹的身上体现着大宋之魂，是宋代文人士大夫的第一楷模。

为什么宋代士大夫能够有此担当精神？主要在于科举制度所引发的社会结构大变革，宋代的科举制度就是要让那些出身寒微的人通过自己的努力可以做官。他们在儒家经典中所接受的信条就是要治国平天下，而皇帝与士大夫共治天下的政治架构可以发挥他们的作用，可以有所作为。

在宋朝，皇帝也乐于让士大夫发挥自己的才干，而讨厌那些轻浮放浪的人，柳永和宋仁宗的故事很能说明这一点。柳永在词中说"忍把浮名，换了浅斟低唱"，仁宗看了勃然大怒，他说"且去浅斟低唱，何要浮名"。对于一个有追求的士大夫来讲，功名是很重要的。人往往会因为顾及名声而有荣誉感和耻辱感。倘若无所顾忌，那必定是轻薄之人，又能指望他做什么呢？

从皇帝的角度来说，选拔那些出身寒微且追求功名的人才，这样可以保证政权的稳固。那些出身寒微的人会对朝廷感恩戴德，誓死效忠，

不会像五代时候那样朝秦暮楚和不忠不义。

宋初的宰相范质五朝为官，太祖对他的评价是"欠世宗一死，为可惜尔。"陶榖在太祖黄袍加身之后提前为他写好了登基诏书，这本是大功一件，可是后来一直为太祖瞧不起。长乐老冯道最为宋朝人鄙视，他成了五代不忠不孝的典型代表。

宋代士大夫精神跟这些人是完全相反的，忠孝节义对他们来说堪比生命。程颐不是说"饿死事小，失节事大"吗？这句话一直被认为是程颐迫害妇女，确实这句话到后来被人利用对妇女迫害甚大。但是就其本意来说，程颐只是强调节义很重要，尤其是民族的大节大义。

"忠"这个字在宋代人眼中是很重要的，人们往往说这是愚忠。其实现代人比宋朝人聪明不到哪里去；反言之，宋朝人并不比现在的人愚，他们的"忠"有着更丰富的含义。在他们看来，正直便是"忠"的首要条件。忠并不是要无条件地服从君主的意志，宋人常说"以犯颜纳说为忠"和"以公正为忠"，主张"从道不从君"。民族大义也是忠，宋末名将抗元英雄李庭芝在太后皇帝都已经投降的情况下，拒绝了朝廷要他投降的要求。最后为国尽忠，朱熹说"尽己之谓忠"。"忠"要求人对自己的生命负责任，最大限度地实现自己的人生价值。

宋朝人的忠义之心在两次政权覆亡之际，表现得极为突出。金人灭了北宋，元人灭了南宋。在此之际，一大批可歌可泣且青史留名的有民族气节的英雄人物前赴后继，舍生取义，杀身成仁。《宋史·忠义传》列靖康前后死节者约20余人，还不包括大量未进入正史的英雄义士。南宋面对强大的蒙古铁骑，40年顽强支撑，靠的就是忠义之士的拼死搏杀。南宋末年抗元死节英雄竟有500多人，还不包括大量湮没无闻的无名英雄。

《宋史·忠义传》中说：

> 士大夫忠义之气，至于五季，变化殆尽。宋之初兴，范

质、王溥犹有余憾，况其他哉！艺祖首褒韩通，次表卫融，足示意向。厥后西北疆场之臣勇于死敌，往往无惧。真、仁之世，田锡、王禹偁、范仲淹、欧阳修、唐介诸贤，以直言谠论倡于朝，于是中外缙绅知以名节相高、廉耻相尚，尽去五季之陋矣。故靖康之变，志士投袂，起而勤王，临难不屈，所在有之。及宋之亡，忠节相望，班班可书。匡直辅翼之功，盖非一日之积也。

人们往往说唐人大气，其实唐朝那些贵族因为自己优越的生活条件而显得狂放不羁，所以显得大气；而宋人，他们是深沉而优雅的，他们的大气体现在对待生命态度的自信。

他们是为道义而活的，朝闻道，夕死可矣。而他们更进一步地认为自己就是道的承担者，所以他们无畏无惧。个人的荣辱得失算不了什么，那只是"蜗角虚名和蝇头微利"，他们念念不忘的是如何正君心行王道。贬谪的苏轼说自己"道理贯肝胆，忠义填骨髓，直须谈笑于死生之际"。宋亡之后的遗民也都是为了自己的信念而为之耗尽终生也无怨无悔。

也因为这份自信，所以他们的学术思想中充满了怀疑精神和宽容态度。朱熹说："读书须是仔细，逐句逐字要见着落。若用工粗卤，不务精思，只道无可疑处。非无可疑处，理会未到，不知有疑尔。"他主张带着怀疑去读书，其实这是宋代学者读书的一个基本态度。他们根本不满足于前人的解释，字字句句都凭着自己的主张去理解。所以他们能够在学术上创新，建立起影响深远的新儒学。宋代的学者之间充满着君子风度，尽管学派林立，观点不一。并且彼此争论激烈，但是都能够容忍对方的意见，互相切磋。

担当、忠义、自信……这些都是宋代士大夫精神的体现，这种气度在任何时代都是一种优秀的品格，因而是民族之瑰宝，永不磨灭。

格物致知的科学精神

2010年6月的时候，中国南方大范围洪水来袭。老百姓的生命财产面临着威胁，日常生活深受其困扰，然而报纸上却有这样的报道：

> 当洪峰到达江西省第二大城市赣州时，遭遇的是这样一幕情景：儿童在城门口水滩里嬉戏钓鱼，买卖人在滔滔洪水边安然地做着生意。看起来，他们丝毫没有把"洪涝"当做"灾害"。

原来，这是一座不会被淹没的城市。之所以不会被淹没，还得归功于一位宋朝官员。

在宋朝之前，赣州城也常年遭受水患。北宋熙宁年间（公元1068年—1077年），一个叫"刘彝"的官员在此任知州，规划并修建了赣州城区的街道。同时根据街道布局和地形特点，采取分区排水的原则，建成了两个排水干道系统。因为两条沟的走向形似篆体的"福"和"寿"二字，故名"福寿沟"。福寿沟是一项工程奇迹，因为它保证了1 000年赣州城不受水患。

刘彝这个官员在历史上并不是太有名，他只是宋代诸多能干的官员中的一例。仅从这一例，我们就可以感受到宋代官员的科技素质。

这并不是一群只会填词绘画，附庸风雅的文弱书生，他们中的很多人也是科学家和工程师。他们不是专家，却能做出比专家更专业的工程来。

英国科技史家李约瑟说："每当人们在中国的文献中查找一种具体的科技史料时，往往会发现它的焦点在宋代。"的确，宋代是中国古代科技发展的黄金时代，涌现出很多著名的科学家和科技成果。

北宋科学家沈括被誉为是"中国整部科学史中最卓越的人物"，他的《梦溪笔谈》被称为"中国科学史的里程碑"。沈括是一个科学的通才，一身兼通物理学、数学和天文学。他通过精确测量子午圈，首次发现了地磁偏角；通过观测天体的运行轨迹，校正了传统理论的误差。

和沈括同时代的苏颂也是一位奇才，他官至宰相；同时也是一位天文学家和药物学家。由他领衔设计的水运仪象台是世界上第1座天文钟，开世界钟表史之先河。

沈括和苏颂是北宋科学家的代表，南宋的著名科学家有秦九韶和宋慈等。

秦九韶是天才的数学家，宋淳祐7年（1247年）他的名作《数学九章》问世。他将"增乘开方法"加以推广，论述了高次方程的数值解法，并且列举了20多个取材于实践的高次方程的解法。要知道，直到16世纪意大利人菲尔洛才提出三次方程的解法；另外，秦九韶还对一次同余式理论进行过研究。他还推广了孙子定理，他的"大衍求一术"将孙子定理的方法从较小的数和较少的同余式个数推广到一般解法。秦九韶的大衍求一术整数论中一次同余式的解法，比欧洲的尤拉和高斯的有关研究要早500年。

宋慈是著名的法医学家。他的《洗冤集录》也是刊于宋淳祐7年；同时也是世界上现存第1部系统的法医学专著，它比国外最早由意大利人菲德里写的法医著作要早350多年。《洗冤集录》的内容非常丰富，记述了人体解剖、检验尸体、勘察现场、鉴定死伤原因、自杀或谋杀的各种现象、各种毒物和急救，以及解毒方法等十分广泛的内容。其中区别溺死、自缢与假自缢、自刑与杀伤，以及火死与假火死的方法，至今还在应用，并且记载的洗尸法、人工呼吸法、迎日隔伞验伤，以及银针验毒和明矾蛋白解砒霜中毒等都很合乎科学道理。所以至今是法医学的参考著作，还被译为多国文字。

整个宋代的科技成果真是数不胜数，有人曾经列举了其中的100项：

55. 十二气历

56. 麦卡托投影

57. 贾宪三角形

58. 二十四节气定年法

59. 地磁偏角

60. 生物固基技术

61. 车船

62. 装甲船

63. 低重心流体减震装置

64. 虹桥

65. 船坞

66. 藤舟

67. 中国帆船

68. 模数制

69. 泡菜

70. 风磨

71. 暗棚滤沙技术

72. 糖霜谱

73. 踏犁

74. 犁镜

75. 秧马

76. 稻麦一年二熟制

77. 架田

78. 肥料积制技术

79. 培育水稻壮秧技术

80. 果树远缘嫁接技术

81. 桑树嫁接技术

82. 摧花早放术

83. 家禽人工孵化技术

84. 兽医院

85. 驯养金鱼

86. 《太平圣惠方》

87. 人痘接种

88. 医学分科

89. 解剖存真图

90. 三因极病证方论

91. 针灸图

92. 《小儿药证直诀》

93. 《妇人大全良方》

94. 《圣济总录》

95. 区希范五脏图

96. 法医学

97. 金石学

98. 太祖长拳

99. 迷踪拳

100. 快递

这些科学技术成果大部分已经湮没在历史之中，我们除了惊叹这些成就之外，最值得思考的就是宋代的科学精神。中国近代科技的落后很多人都归结于程朱理学束缚了人们的思想，这是有道理的，因为体制的约束会导致人们思维的局限。但是倘若归罪于宋代的思想家们，则实在是太冤枉了他们。近代问题有近代的背景，无须苛责古人。

其实，宋代理学家对科学有着很多贡献。胡适先生就说过："朱熹本人就是一位科学家。"科技史家胡道静先生曾经说过，在《梦溪笔谈》成书之后的整个北宋到南宋时期，朱熹是"最最重视沈括著作的科学价值的唯一学者，他是宋代学者中最熟悉《笔谈》内容，并且能对其科学观点有所阐发的一人"。

朱熹以《大学》为儒家经典，对其中的"格物致知"的思想多有阐发。近代人们曾经把科学理解为"格致之学"，反映出理学思想与科学思想的互通之处。研究宋代科技史的学者甚至指出"科学与理学相辅相成，齐头并进"，科学与理学并不矛盾，最重要的是一种追求真理的精神。

附　录
两宋历代皇帝年号一览表

庙号	姓名	年号	公元纪年
太祖	赵匡胤	建隆	960年1月~963年11月
		乾德	963年11月~968年11月
		开宝	968年11月~976年10月
太宗	赵光义	太平兴国	976年10月~984年11月
		雍熙	984年11月~987年
		端拱	988年~989年
		淳化	990年~994年
		至道	995年~997年
真宗	赵恒	咸平	998年~1003年
		景德	1004年~1007年
		大中祥符	1008年~1016年
		天禧	1017年~1021年
		乾兴	1022年
仁宗	赵祯	天圣	1023年~1032年11月
		明道	1032年11月~1033年
		景祐	1034年~1038年11月
		宝元	1038年11月~1040年2月

庙号	姓名	年号		公元纪年
		康定		1040年2月~1041年11月
		庆历		1041年11月~1048
		皇佑		1049年~1054年3月
		至和		1054年3月~1056年9月
		嘉佑		1056年9月~1063年
英宗	赵曙	治平		1064年~1067年
神宗	赵顼	熙宁		1068年~1077年
		元丰		1078年~1085年
哲宗	赵煦	元佑		1086年~1094年4月
		绍圣		1094年4月~1098年5月
		元符		1098年6月~1100年
徽宗	赵佶	建中靖国		1101年
		崇宁		1102年~1106年
		大观		1107年~1110年
		政和		1111年~1118年10月
		重和		1118年11月~1119年2月
		宣和		1119年2月~1125年
钦宗	赵桓	靖康		1126年~1127年4月
高宗	赵构	建炎		1127年5月~1130年
	赵构	绍兴		1131年~1162年
孝宗	赵眘	隆兴		1163年~1164年
		乾道		1165年~1173年

庙号	姓名	年号	公元纪年
		淳熙	1174年~1189年
光宗	赵惇	绍熙	1190年~1194年
宁宗	赵扩	庆元	1195年~1200年
		嘉泰	1201年~1204年
		开禧	1205年~1207年
		嘉定	1208年~1224年
理宗	赵昀	宝庆	1225年~1227年
		绍定	1228年~1233年
		端平	1234年~1236年
		嘉熙	1237年~1240年
		淳佑	1241年~1252年
		宝佑	1253年~1258年
		开庆	1259年
		景定	1260年~1264年
度宗	赵禥	咸淳	1265年~1274年
恭帝	赵显	德佑	1275年~1276年4月
端宗	赵昰	景炎	1276年5月~1278年4月
	赵昺	祥兴	1278年5月~1279年2月

后 记

行文至此，本书也就接近尾声了，在结束之前还有一个人物不得不说。他就是大宋300年的压轴人物——文天祥。一部关于宋代历史的书，如果不写文天祥，那肯定是不完整的。

然而这样一个伟岸的存在，往往又让人很难捕捉其精髓。这样一个人物一次又一次激烈地撞击着人的内心，最后为一种弥漫的情绪所困扰。

"人生自古谁无死，留取丹心照汗青"，这句诗人们太熟悉了，它深刻地表达了中国人的价值观和历史观。什么是中国人的信仰？我们在何处寻找自己的栖身之所？

走出五代，是饱经五代战火摧残的天下士人和百姓的梦想。太祖皇帝化家为国，崇文抑武。以道理最大一语开国，用读书人；太宗皇帝革故鼎新，创立法度，大开科举；真宗皇帝选擢寒俊，精求实艺；仁宗皇帝宽仁为本，与士大夫共治天下。

大宋第一人范仲淹振臂高呼，士当以天下为己任；王安石锐意变法，寻求国家富强之路；欧阳修、司马光和苏轼等铸就了千秋文章；周敦颐、张载、程颢程颐和邵雍光风霁月的精神面貌让后世永远向往。

北宋亡在了一个艺术天子的手里，却又在一大批忠肝义胆之士的支持下重建；南宋的人文风景靓丽多姿，哲人们深邃的思想一直让后人回味。书院、画院和藏书楼，展现着一种文明的高度，让文化的种子播撒得更远。

如果说宋代给后世最深远的影响，那就是深入人心的理学。理学是宋代文化最核心的体现，是宋代学术的结晶。理学是宋人留给后人最为厚重的精神遗产。

有一件事情不可以遗忘，文天祥是一个理学家。他在《正气歌》开头就说"天地有正气，杂然赋流形。下则为河岳，上则为日星。于人曰浩然，沛乎塞苍冥。"这正是理学家的世界观，文天祥的绝笔书是这样写的：

> 孔曰成仁，孟曰取义。惟其义尽，所以仁至。
> 读圣贤书，所学何事？而今而后，庶几无愧！

这种精神宣言便是真正的理学精神，宋代士魂。

文天祥是白鹭洲书院的高材生，他的老师欧阳守道是朱熹的再传弟子，因此文天祥是朱熹的三传弟子。从这个角度讲，文天祥吸收了大宋文化的精华，是大宋文化史的最后总结。

因此唯有叙述完了文天祥，一部宋史才算真正结束。不过对于笔者本人来说，并没有打算写一部完整的宋史，而希望留下一点空间来让更多人思考。事实上，写历史是没有可能真正做到完整的。笔者只是力图将宋朝最美好的东西尽量地展现出来，挂一漏万，在所难免。但倘若读者能够从中对丰富深刻的宋代文化有所认识并产生进一步的兴趣，这对于笔者来说，就是莫大的欣慰了。

从一开始写作本书，一个问题就一直浮在脑海之中，那就是到哪里去寻找现代中国人的精神家园？因此写作的过程也是一个苦苦追寻的过程。

民国的时候，历史学家陈寅恪先生认为中华文明造极于赵宋之世。当代法国学者谢和耐曾经详细地考察了蒙元入侵前夜的南宋都城杭州的日常生活，他发现那是一个充满着无限魅力的世界。人们的物质生活和精神生活都显得富足充实，他认为这是中华文明的辉煌顶峰。这其中的内涵耐人寻味，值得深思。

宋朝的土地并不像汉唐那样广袤，宋代的诗文也没有汉唐那样华

后

记

丽。但是宋朝人物质生活的精致和精神生活的高雅，不知让多少后来者迷醉。有人问，假如可以选择，你愿意生活在历史上的哪个朝代？很多人会毫不犹豫地选择宋朝。这就是文明的魅力。

现代的中国文明正是从这里出发的，这里就是现代中国人的精神家园。当我们在精神上遇到困惑的时候，也应该回到我们的故国家园去，寻找心灵的慰藉，寻找生命的动力，寻找灵感的源头，寻找精神的支柱。

这便是本书的全部意图所在。笔者深知这个目标的达成是一个可望而不可即的事情，所以只能尽力而为。并把本书的结束作为一个新起点的开始，在求索中开始新的征程。

最后需要特别说明的是，本书在写作中参考了很多学者的观点，但作为一部通俗性普及性的文史读物，限于体裁的要求，不能将其一一注明，敬请见谅。并且笔者水平有限，书中的不当之处，希望方家不吝赐教。

2010年9月9日